ये इश्क़ नहीं आसाँ

(व्यंग्य-संग्रह)

कुन्दन सिंह परिहार

वर्जिन साहित्यपीठ

प्रकाशक
वर्जिन साहित्यपीठ
virginsahityapeeth@gmail.com

प्रथम संस्करण- जून, 2026

समर्पण

हमारे परिवार के नए सदस्यों

वीर और वाणी

के लिए

दो शब्द

यह मेरा सातवां व्यंग्य-संकलन है। अब मेरे कथा-संग्रहों और व्यंग्य-संग्रहों की संख्या बराबर हो गयी, यानी दोनों ही 7-7 हो गये। कुल पुस्तकों की संख्या 14 हो गयी। 13 पुस्तकों के प्रकाशन के बाद सोचा था कि अब शायद अगली पुस्तक जन्म नहीं लेगी, लेकिन सिद्ध हुआ कि लिखने और न लिखने पर लेखक का वश नहीं होता।

अब रचनाएं पत्रिकाओं, समाचार-पत्रों को नहीं भेजता क्योंकि अब सारा सिस्टम पूर्व के सिस्टम से भिन्न हो गया है। अब साहित्यिक रचनाओं को पहले जैसा महत्व नहीं दिया जाता। अब अक्सर लेखक को रचना के प्रकाशन की जानकारी भी नहीं मिल पाती। इसलिए मेरे जैसे लेखकों के लिए फेसबुक अच्छा साधन है। रचना तुरन्त पाठकों के सामने आ जाती है और पाठकों की प्रतिक्रिया भी मिल जाती है, जो समाचार-पत्रों में नहीं होता। अधिकांश पत्रिकाएं अब अनियमित हैं। रचना के प्रकाशन की कोई समय-सीमा नहीं होती।

व्यंग्य-लेखन एक सामाजिक उपक्रम है। यदि व्यंग्य समाज के लिए नहीं है तो उसका कोई अर्थ नहीं है। व्यंग्य व्यक्तिगत शिकवा- शिकायत नहीं है, न ही वह मनोरंजन का साधन है। व्यंग्यकार अन्याय, अनीति के विरुद्ध समाज की पीड़ा को प्रस्तुत करने की कोशिश करता है। इसीलिए परसाई जी ने लिखा कि व्यंग्य हंसने हंसाने की चीज़ नहीं है। मैं लिखता हूं क्योंकि मेरी संवेदना अभी जागृत है, क्योंकि मेरी दृष्टि में समाज में बहुत कुछ ऐसा है जो मुझे परेशान करता है और मुझे लिखने के लिए बाध्य करता है।

मेरे प्रकाशक, वर्जिन साहित्यपीठ के संचालक भाई ललित मिश्र को पुनः धन्यवाद देता हूं क्योंकि उनके सहयोग से ही मेरी लगभग सभी रचनाएं पुस्तक के रूप में आ सकी हैं। 1982 से 2018 तक के लगभग 36 वर्षों में अन्य प्रकाशकों के द्वारा मेरी 7 पुस्तकें प्रकाशित हुईं, जबकि मिश्र जी ने 2019 से 2024 के 5 वर्षों में मेरी 6 पुस्तकें प्रकाशित कीं। मेरे लिए यह बड़ी राहत की बात रही। मिश्र जी के साफ-सुथरे व्यवहार के कारण मुझे इस दौर में कभी परेशानी नहीं हुई। पूर्व में पुस्तकों के प्रकाशन में विलंब का मूल कारण यह रहा कि मैं संपर्क बनाने और दौड़-भाग करने में हमेशा कमज़ोर रहा। संयोग से ही मिश्र जी से परिचय हुआ, जो मेरे लिए संकटमोचक बना।

पुणे से 'ई-अभिव्यक्ति' ब्लॉग संचालित करने वाले भाई हेमंत बावनकर का भी मैं ऋणी हूं। वे प्रति रविवार को मेरा एक लेख प्रकाशित करते हैं। अभी तक वे मेरे 300 से अधिक लेखों को पाठकों के सम्मुख ला चुके हैं। वे भी बहुत भले व्यक्ति हैं। उन्हीं ने मेरा परिचय ललित मिश्र जी से कराया।

रायपुर से प्रकाशित अखबार 'चैनल इंडिया' के साहित्य संपादक श्री स्वराज करुण ने मेरी 70 से अधिक रचनाएं प्रकाशित कीं, जिसके लिए मैं उनका आभारी हूं। वे भी बहुत सज्जन व्यक्ति हैं।

लेखक

रचना क्रम

नेताजी का स्मृति-लोप

नेताजी अब सत्तर के हुए। उम्र बढ़ने के साथ नेताजी को डर लगता है कि कहीं चुनाव में टिकट से वंचित न कर दिये जाएं। उनका कहना है कि नेता को आखिरी सांस तक जनता की सेवा का मौका मिलना चाहिए। अन्त में तिरंगे में लिपटकर न गये तो जीने का क्या मतलब?

नेताजी पिछले पन्द्रह सालों में पांच पार्टियां बदल चुके हैं। अब छठवीं में हैं। लोग उन्हें मौसम-विशेषज्ञ कहते हैं। वे हवा सूंघते रहते हैं। जैसे ही किसी दूसरी पार्टी के पावर में आने की संभावना दिखती है, वे बेचैनी से कसमसाने लगते हैं। कदम ख़ुदबख़ुद उस पार्टी की तरफ बढ़ने लगते हैं। फिर अपनी पार्टी में हज़ार ख़ामियां दिखने लगती हैं।

नेताजी का कहना है कि पार्टी के सिद्धान्तों, उद्देश्यों से उन्हें कोई लेना-देना नहीं है। बस, जनता की सेवा का भरपूर मौका मिलना चाहिए। जिस पार्टी में जनता की सेवा का मौका न मिले उसे अविलंब छोड़ देना चाहिए। 'तजिए ताहि कोटि बैरी सम, यद्यपि परम सनेही।' लेकिन उनसे जनता की सेवा का अर्थ पूछने की हिम्मत किसी की नहीं होती क्योंकि जाहिराना वे अपनी और अपने परिवार की सेवा करने के लिए बदनाम हैं।

फिलहाल नेताजी परेशानी में पड़ गये हैं। कारण यह है कि उनकी स्मरण-शक्ति कमज़ोर हो गयी है। भूल जाते हैं कि वे कितनी पार्टियों में और कब से कब तक रहे। एक डायरी

में उन्होंने यह सारी जानकारी लिख रखी थी, लेकिन डायरी को रखने की जगह भी भूल गये हैं। पार्टी-परिवर्तन का इतिहास याद करने की कोशिश करते हैं तो सब गड्डमड्ड हो जाता है। उंगलियों पर कुछ गिनते रहते हैं। याद नहीं आता तो रुआंसे हो जाते हैं।

नेताजी अब आतंकित हैं। कहीं उनकी वर्तमान पार्टी के हाई कमांड को उनकी हालत का पता चल गया तो क्या होगा? फिर कोई ऊंची कुर्सी या मलाईदार पद नहीं मिलेगा। आगे बेटों-बेटियों को पॉलिटिक्स में जमाने की कोशिश कर रहे हैं। बेटों को चालाकी, मिथ्या भाषण, पाखंड जैसे राजनीतिक गुण सिखा रहे हैं। लेकिन अगर उनकी अपनी स्थिति कमज़ोर हो गयी तो सन्तान को कौन पूछेगा?

हालत यह है कि कभी घर से निकलते हैं तो किसी पहले छोड़ी हुई पार्टी के दफ्तर में पहुंच जाते हैं और वहां बैठकर लोगों से प्रेमपूर्ण बातचीत और उस पार्टी की तारीफ करने लगते हैं। पार्टी के लोग उनका मुंह देखते रह जाते हैं। उन्हें लगने लगता है कि नेताजी शायद पुरानी पार्टी में वापस आना चाहते हैं। उनके बेटों को पता चलता है तो वे उनको वहां से उठा लाते हैं।

बेटे सलाह देते हैं कि उन्हें किसी मनोचिकित्सक को दिखाया जाए, लेकिन नेताजी हाथ उठा देते हैं। कहते हैं, 'पार्टी हाई कमांड को यह बात मालूम हो गयी तो तुरन्त मुझे कचरेदान में डाल देंगे। मनोचिकित्सक के पास गया तो रिपोर्टर और कैमरेवाले सूंघते हुए पहुंच जाएंगे। न बाबा, मैं किसी डॉक्टर के पास नहीं जाऊंगा। पॉलिटिक्स

में मनोचिकित्सक के पास जाने का मतलब खुदकुशी करना है।'

लाचार,बेटों ने उन्हें घर में ही रहने के लिए कह दिया है। उन पर चौबीस घंटे निगरानी रहती है। रिपोर्टरों और फोटोग्राफरों से मिलने की मनाही है। बाहर जाएं तो किसी बेटे के साथ ही जाएं। बेटे खुद ही परेशान हैं क्योंकि पिताजी निर्बल हो गये तो पॉलिटिक्स में उनका कैरियर कैसे बनेगा?

ख़ुदगर्ज़ लोग

वह आदमी सहमता, सकुचता मंत्री जी के बंगले में घुसा। भीतर पहुँचा तो देखा, लंबे चौड़े लॉन में बीस पच्चीस लोग इधर उधर आँखें मूँदे या आँखों पर बाँह धरे पड़े हैं। लगता था जैसे बीस पच्चीस लाशें बिछी हों। पास ही दो एंबुलेंस खड़ी थीं। उनमें से एक में दो लोगों को डंगाडोली बनाकर धरा जा रहा था।

आदमी उन ज़िन्दा लाशों के बगल से गुज़रा तो उनमें से एक ने आँखों पर से बाँह हटाकर उसे घूरा, फिर पूछा, 'कौन हो भैया? कहाँ जा रहे हो?'

आदमी बहुत नम्रता से बोला, 'मंत्री जी से मिलना था। वे हमें जानते हैं।'

ज़मीन पर लेटा आदमी बोला, 'ज़रूर जानते होंगे, लेकिन अभी वे किसी से नहीं मिलेंगे। अभी वे शोककक्ष में हैं। ब्लड प्रेशर चेक करने के लिए डॉक्टर को चुपके-चुपके बुलाया है। विरोधी पार्टी वालों को मंत्री जी की तबियत पता नहीं लगना चाहिए।'

आगंतुक वहीं रुक गया। पूछा, 'क्या हो गया मंत्री जी को?'

लेटा हुआ आदमी उठ कर बैठ गया। बोला, 'वही राजरोग है। जो पार्टी हमें सपोर्ट कर रही थी उसने समर्थन वापस ले लिया है। राज्यपाल जी को लिखकर दे दिया है। बेईमानों से और क्या उम्मीद करेंगे? अब हमारी सरकार गिरी ही

समझो। इसीलिए हम सब मंत्री जी के समर्थक ग़म में डूबे यहाँ बेसुध पड़े हैं। जब मंत्री जी पद पर नहीं रहेंगे तो हमारा क्या होगा? हमें कौन पूछेगा? अँधेरे के सिवा कुछ नहीं दिखता है। आप किस लिए आये थे?'

आगंतुक बोला, 'बेटे ने साल भर पहले पटवारी की परीक्षा पास की थी। अभी तक नियुक्ति पत्र नहीं मिला।'

बैठा हुआ आदमी व्यंग्य से बोला, 'आप लोग, भैया, बड़े स्वार्थी हो। आपको अपना अपना दिखता है, हमारी परेशानी नहीं दिखती। वही नौकरी और मँहगाई का रोना। जरा सोचो, भैया जी मंत्री नहीं रहे तो हमारा क्या होगा? हमारे पास भैया जी की सेवा के सिवा कौन सा रोजगार है? कौन सा मुँह लेकर घर जाएँ?'

आगंतुक दुखी स्वर में बोला, 'बड़ी परेशानी है। बेटा चौबीस घंटे टेंशन में रहता है। क्या करें?'

बैठा हुआ आदमी क्रोधित हो गया, बोला, 'बस अपनी ढपली, अपना राग। हम यहाँ इतनी बड़ी परेशानी में पड़े हैं और आप अपना बेसुरा राग अलापे जा रहे हैं। गज़ब की खुदगर्ज़ी है,भई। क्या आपका दुख हमारे दुख से बड़ा है? ये जो इतने लोग यहाँ बेहाल पड़े हैं इनका दुख आपको दिखाई नहीं देता? अब आप यहां से तशरीफ ले जाएँ। आप जैसे खुदगर्ज़ लोगों के कारण ही हमारे देश की जगहँसाई होती है। शर्म आनी चाहिए आपको। '

आगंतुक, सोच में डूबा, धीरे-धीरे बंगले से बाहर हो गया।

नैतिकता का तक़ाज़ा

पार्टी दफ्तर में गहमागहमी है। पार्टी के द्वारा चुनाव के लिए उम्मीदवार की घोषणा होनी है। पिछली बार के उम्मीदवार नाहर सिंह को लेकर असमंजस है क्योंकि, अदालत के निर्णय के अनुसार, उनकी शूरवीरता के कारण उनके दो विरोधी स्वर्गलोक को प्रस्थान कर गये थे। परिणाम स्वरूप उन्हें दो साल कारागार में काटने पड़े,यद्यपि उनकी पार्टी और उनके भक्त उन्हें पूरी तरह दूध का धुला मानते हैं। फिलहाल वे ज़मानत पर हैं। नाहर सिंह अपने इलाके के बाहुबली के रूप में विख्यात रहे हैं और इलाके में उनकी छवि रॉबिन हुड की रही है।

अब नाहर सिंह का टिकट खटाई में है, लेकिन किसी अज्ञात कारण से वे मायूस नहीं हैं। पूछने वालों से हाथ जोड़कर कहते हैं, 'हम पार्टी के अनुशासित सिपाही हैं। पार्टी का निर्णय हमारे सिर माथे। हम तो जनता के सेवक हैं, टिकट नहीं मिलेगा तब भी सेवा में लगे रहेंगे।'

पार्टी के प्रवक्ता कई बार कह चुके हैं कि उन्हें पार्टी की छवि की फिकर है। उम्मीदवार एकदम उज्ज्वल छवि वाला होना चाहिए,एकदम बेदाग। गड़बड़ छवि वाला बर्दाश्त नहीं किया जाएगा।

अब दफ्तर में नये उम्मीदवार की घोषणा की तैयारी है। कार्यकर्ताओं और मीडिया के द्वारा तरह-तरह के अनुमान लगाये जा रहे हैं। सस्पेंस चरम पर है। सब तरफ

खुसुर-फुसुर है। पार्टी के नेता और प्रवक्ता रहस्य धारण किये हैं।

आखिरकार घोषणा होने का क्षण आ गया। नेता और प्रवक्ता स्टेज पर आ गये। कार्यकर्ताओं की टकटकी लगी है, कान खड़े हैं। प्रवक्ता कहते हैं, 'भाइयो, आपको पता है कि हमारे पिछले उम्मीदवार नाहर सिंह को एक झूठे केस में फँसा कर उनकी छवि को धूमिल करने का प्रयास किया गया है। हमारी पार्टी नैतिकता के ऊँचे सिद्धान्त पर चलती है। हम नैतिकता के मामले में कोई समझौता नहीं करते, चाहे कितना नुकसान हो जाए। हमें भरोसा है कि भाई नाहर सिंह इस केस से बाइज़्ज़त बरी होंगे। लेकिन अभी हम विरोधियों को आलोचना का मौका नहीं देना चाहते। इसलिए हम नाहर सिंह जी के स्थान पर पार्टी के नये उम्मीदवार की घोषणा करते हैं।'

फिर उन्होंने हाथ के इशारे से पीछे खड़े एक युवक को आगे बुलाया। युवक बिलकुल नाहर सिंह का युवा संस्करण लगता था। आगे आकर हाथ जोड़े खड़ा हो गया। प्रवक्ता जी उसके कंधे पर हाथ रख कर बोले, 'ये भाई नाहर सिंह के सुपुत्र केहर सिंह हैं। अब यही पार्टी के उम्मीदवार होंगे। इनकी छवि एकदम उज्ज्वल है। दो चार मारपीट की घटनाओं में इनका नाम आया था, लेकिन वह सब ऊपर ऊपर निपट गया। रिकॉर्ड एकदम साफ-सुथरा है।'

केहर सिंह पब्लिक की तरफ हाथ जोड़कर माइक पर बोले, 'हम पार्टी के बहुत आभारी हैं कि वह हमें जनता की सेवा का मौका दे रही है। हम आपको विश्वास दिलाते हैं कि हम आपकी सेवा उतनी ही लगन से करेंगे जैसे हमारे पिताजी करते रहे। हम उन्हीं के बताये रास्ते पर चलेंगे। आप हमें

अपना आशीर्वाद दें ताकि हम कभी आपकी सेवा से पीछे न हटें।'

सामने खड़ी जनता ने 'नाहर भैया जिन्दाबाद', 'केहर भैया जिन्दाबाद' के गगनभेदी नारे लगाये। स्टेज पर पीछे खड़े भैया नाहर सिंह ने प्रसन्न मुख से हाथ उठाकर जनता को धन्यवाद दिया।

एक नासमझ पत्रकार पार्टी के प्रवक्ता के पास पहुँच गया। बोला, 'आपने नाहर सिंह की जगह उनके बेटे को टिकट दे दी। इससे क्या पार्टी की छवि सुधर जाएगी? टिकट तो नाहर सिंह के घर में ही रही।'

प्रवक्ता जी अपना असमंजस छिपाने के लिए अँगौछे से मुँह पोंछ कर बोले, 'बेमतलब की बातें न करें,महाशय। नाहर सिंह जी पर दूसरी पार्टियों वाले डोरे डाल रहे थे। वे उधर चले जाते तो यह सीट खतरे में पड़ जाती। इसलिए हमने ऐसा रास्ता निकाला कि साँप भी मर जाए और लाठी भी बची रहे।'

पत्रकार उनका मुँह देखता रह गया।

'खुसखबरी' की मार

'हलो!'

'हलो!'

'जी, गप्पू दादा से बात कराइए।'

'हम उनकी वाइफ बोल रहे हैं। वे आराम

कर रहे हैं। हमें बताइए, क्या काम है? उनें बता देंगे।'

'जी,उन्हें एक खुशखबरी देनी थी।'

'कैसी खुसखबरी?'

'उन्हें बताइएगा कि जुगाड़ूलाल का फोन आया था। कल शाम पाँच बजे हमें मानस भवन में मंत्री जी के हाथों से पच्चीस हजार का पुरस्कार दिया जाएगा। कार्यक्रम में गप्पू दादा पधारें तो हमें बड़ी खुशी होगी।'

'आपने इनाम के लिए किसी से सिफारिस

करायी होगी।'

'राम राम! कैसी बातें करती हैं, भाभी! ये हमारी समाज सेवा का इनाम है।'

'ठीक है। बधाई आपको। लेकिन उन्नें अभी कोई भी खुसखबरी देने से मना किया है।'

'क्यों भला?'

'पिछले दो तीन दिन में उनें तीन चार खुसखबरी मिली तीं। उनें सुनके उनकी तबियत खराब हो गयी ती। बोला है कि अभी दो तीन दिन तक उनें कोई खुसखबरी न बतायी जाए।'

'अरे, यह तो बड़ी गड़बड़ बात है। दोस्तों को खुशखबरी नहीं देंगे तो किसे देंगे?'

'वो ठीक है, लेकिन ज्यादा खुसखबरी सुन्नें से उनकी तबियत बिगड़ जाती है। ब्लड प्रेशर बड़ जाता है। उन्नें कहा है कि उनें हफ्ते में दो तीन खुसखबरी से ज्यादा न बतायी जाएँ। इससे ज्यादा खुसखबरी झेलना उनके बस में नईं है।'

'ठीक है, भाभी। आप जब ठीक समझें, उन्हें बताइएगा। उनकी तबियत का ध्यान रखना हमारा फर्ज है। नमस्ते।'

'नमस्ते।'

मेरे मकान के ख़रीदार

रमनीक भाई कॉलोनी में चार छः मकान आगे रहते हैं। सबेरे टहलने निकलते हैं। घर के गेट पर मैं दिख गया तो वहीं ठमक जाते हैं। इधर उधर की बातें होने लगती हैं। रमनीक भाई बातों के शौकीन हैं। बातों का सिलसिला शुरू होता है तो सारी दुनिया की कैफियत ले ली जाती है। उनके पास हर समस्या का हल मौजूद है, बशर्ते उनकी राय कोई ले। रूस-यूक्रेन और इसराइल- ग़ज़ा की समस्या का फौरी हल उनके पास है, लेकिन नेतन्याहू और पुतिन उनकी तरफ रुख़ तो करें।

एक दिन रमनीक भाई चेहरे पर कुछ परेशानी ओढ़े मेरे घर आ गये। बैठकर बोले, 'मैं यह क्या सुन रहा हूँ, बाउजी? आप शहर छोड़ कर जा रहे हैं?'

मैंने जवाब दिया, 'विचार चल रहा है, रमनीक भाई। यहां हम मियाँ बीवी कब तक रहेंगे? इस उम्र में कुछ उल्टा सीधा हो गया तो किसकी मदद लेंगे? बड़ा बेटा पीछे पड़ा है कि यहाँ की प्रॉपर्टी बेच कर उसके पास पुणे शिफ्ट हो जाऊँ।'

रमनीक भाई दुखी स्वर में बोले, 'कैसी बातें करते हैं, बाउजी! मदद के लिए हम तो हैं। आप कभी आधी रात को आवाज देकर देखो। दौड़ते हुए आएँगे। कॉलोनी छोड़ने की बात मत सोचो, बाउजी। आप जैसे लोगों से रौनक है।'

मैंने उन्हें समझाया कि अभी कुछ फाइनल नहीं है। जैसा होगा उन्हें बताएँगे। वे दुखी चेहरे के साथ विदा हुए।

दो दिन बाद वे फिर आ धमके। बैठकर बोले, ' मैं यह सोच रहा था, बाउजी, कि जब आपको मकान बेचना ही है तो हमें दे दें। हमारे साले साहब इसी कॉलोनी में मकान खरीदना चाहते हैं। नजदीकी हो जाएगी। भले आदमी को देने से आपको भी तसल्ली होगी।'

मैंने फिर उन्हें टाला, कहा, 'फाइनल होने पर बताऊँगा।'

फिर वे रोज़ गेट खटखटाने लगे। रोज़ पूछते, 'फिर क्या सोचा, बाउजी? साले साहब रोज फोन करते हैं।'

एक दिन कहने लगे, 'वो रोशनलाल को मत दीजिएगा। सुना है कि वो आपके मकान में इंटरेस्टेड है। बहुत काइयाँ है। दलाली करता है। आपसे खरीद कर मुनाफे पर बेच देगा।' मैंने उन्हें आश्वस्त किया।

दो दिन बाद एक सज्जन बीवी और दो बच्चों के साथ आ गये। बोले, 'मैं रमनीक जी का साला हूँ। उन्होंने आपके मकान के बारे में बताया था। आपको तकलीफ न हो तो ज़रा मकान देख लूँ।'

मेरा माथा चढ़ गया। रमनीक भाई के लिहाज में मना भी नहीं कर सकता था। उन्हें मकान दिखाया। वे देख देख कर टिप्पणी करते जाते थे कि कौन सी जगह कौन से इस्तेमाल के लिए ठीक रहेगी। बच्चों में झगड़ा होने लगा कि वे कौन से कमरे पर कब्ज़ा जमाएँगे।

अगले दिन फिर रमनीक भाई आ गये। मैंने उनसे निवेदन किया कि अभी कुछ फाइनल नहीं है, परेशान न हों। यह भी कहा कि पत्नी को इस घर से बहुत लगाव है, इसलिए निर्णय लेने में समय लगेगा। सुनकर वे प्रवचन देने लगे, बोले, 'बाउजी, बेटा बुला रहा है तो उसकी बात मान लेना चाहिए। आप ठीक कहते हो कि यहाँ कुछ उल्टा सीधा हो गया तो कौन सँभालेगा। वैसे, बाउजी, मकान से क्या लगाव रखना? ना घर मेरा, ना घर तेरा, चिड़िया रैन बसेरा। ईंट पत्थर से क्या दिल लगाना।'

दो दिन बाद वे फिर गेट पर मिले तो मैंने उनसे कहा कि अभी मकान की बात न करें, अभी हमारा इरादा उसे बेचने का नहीं है। सुनकर वे उखड़ गये, नाराज होकर बोले, 'ये तो ठीक बात नहीं है, बाउजी। मैंने साले साहब को भरोसा दिया था कि मकान मिल जाएगा। यह दुखी करने वाली बात है। आपसे ऐसी उम्मीद नहीं थी।'

उस दिन के बाद रमनीक भाई मेरे गेट से तो बदस्तूर गुज़रते रहे, लेकिन उन्होंने मेरी तरफ नज़र डालना बन्द कर दिया। मुँह फेरे निकल जाते। मतलब यह कि मकान के चक्कर में हम सलाम-दुआ से भी जाते रहे।

किताब का कर्मकांड

कवि कोमल प्रसाद 'उदासीन' का पहला कविता-संग्रह छप कर आ गया है। 'उदासीन' जी बहुत प्रसन्न हैं। कल से मोबाइल कान से हट नहीं रहा है। सभी मित्रों, शुभचिन्तकों को खुशखबरी दे रहे हैं। मिलने वालों के लिए मिठाई का इन्तज़ाम कर लिया है।

अगले दिन शहर के तीन चार साहित्यकार मिलने आ गये। सबसे आगे नगर के वरिष्ठ कवि झलकनलाल 'अनोखे'। सब ने 'उदासीन' जी को बधाई दी। 'अनोखे' जी बोले, 'अब आप असली साहित्यकार बन गये। किताब छपे बिना लेखक पक्का साहित्यकार नहीं माना जाता। अब आप हमारी जमात में शामिल हो गये।'

'उदासीन' जी खुश हुए। 'अनोखे' जी को धन्यवाद दिया।

'अनोखे' जी बोले, 'अब आप बाकी कर्मकांड भी कर डालिए। उसके बिना किताब के प्रति लेखक का फर्ज पूरा नहीं होता।'

'उदासीन' जी ने पूछा, 'कैसा कर्मकांड?'

'अनोखे' जी बोले, 'किताब का विमोचन, किताब की चर्चा, किताब का प्रचार। इनके बिना आजकल लेखन का काम मुकम्मल नहीं माना जाता।'

'उदासीन' जी सोच में पड़ गये।

'अनोखे' जी बोले, 'हम इस काम में आपकी मदद करेंगे। ये जो 'निर्मम' जी हैं, इन्हें कल आपके पास भेजूँगा। इन्हें अभी बीस हजार रुपये दे दीजिएगा। ये हॉल की बुकिंग वगैरह करा लेंगे, बैनर वैनर बनवा लेंगे, नाश्ते पानी,फोटो वीडियो का इन्तजाम कर लेंगे। मैं दिल्ली के दो कवियों---'नश्तर' जी और 'खंजर' जी से बात कर लूँगा। उनसे मेरी रसाई है। जब बुलाता हूँ, आ जाते हैं। उन्हीं के कर-कमलों से किताब का विमोचन हो जाएगा। शाम को किताब पर उनके व्याख्यान हो जाएँगे। फिर होटल में बीस-पच्चीस लोगों का भोजन हो जाएगा। उसमें पत्रकार भी आमंत्रित हो जाएँगे। पत्रकारों को छोटी-मोटी भेंट दे देंगे तो कार्यक्रम का अच्छा प्रचार हो जाएगा। 'निर्मम' जी सब प्रबंध कर लेंगे। उन्हें इन बातों का बहुत अनुभव है।

'नश्तर' जी और 'खंजर' जी के लिए भोजन से पहले कुछ तरल पदार्थ का इन्तजाम करना पड़ेगा। वह भी 'निर्मम' जी देख लेंगे। मेरे खयाल से चालीस पचास हजार तक किफायत से सब काम हो जाएगा।'

सुनकर 'उदासीन' जी की आँखें माथे पर चढ़ गयीं। भयभीत स्वर में बोले, 'इतना पैसा कहाँ से लाऊँगा? यह मेरी हैसियत से बाहर है।'

'अनोखे' जी कुपित हो गये। बोले, 'आपको कवि के रूप में अपने को स्थापित भी करना है और अंटी भी ढीली नहीं करनी है। दोनों बातें एक साथ कैसे चलेंगीं?

'भैया, किताब के कर्मकांड के लिए लोग अपने प्रॉविडेंट फंड का पैसा खर्च कर देते हैं, बेटी के ब्याह के लिए रखा पैसा

समर्पित कर देते हैं, और आप ऐसे आँखें फाड़ रहे हैं जैसे हम कोई अनुचित बात कर रहे हों।'

'उदासीन' जी बोले, 'ना भैया, इतना पैसा खर्च करना अपने बस का नहीं है। किताब में दम होगा तो अपने आप प्रचार हो जाएगा।'

'अनोखे' जी अपनी मंडली के साथ उठ खड़े हुए, बोले, 'किताब में कितना भी दम हो, लेकिन शुरू में उसे लोगों की आँखों के सामने चमकाना पड़ता है। बिना हर्रा फिटकरी डाले रंग चोखा नहीं होता। सोच लो, मन बदल जाए तो फोन कर देना। हम 'निर्मम' जी को भेज देंगे।'

दरवाज़े तक पहुँच कर 'अनोखे' जी घूम कर बोले, 'किताब के कर्मकांड में पैसा तो जरूर खर्च होता है, लेकिन उसकी खुमारी महीने,दो महीने तक रहती है। बाद में कसके तो कसकती रहे।'

मालदारों का दुःख

देश के मालदारों के बीच कुछ दिनों से इस मामले को लेकर सुगबुगाहट थी। जब भी कहीं मालदारों का जमावड़ा होता, वह बात उछल कर सामने आ जाती। मुद्दा यह था कि देश के मालदार शिद्दत से यह महसूस कर रहे थे कि वे अपना माल इकट्ठा करने के चक्कर में ज़िन्दगी भर जिल्लतें झेलते हैं, ई.डी.,सी.बी.आई., इनकम टैक्स के छापों का सामना करते हैं, सांप की तरह अपनी संपत्ति की रक्षा करते हैं, लेकिन एक दिन सबको सिकन्दर की तरह हाथ पसारे दुनिया से रुखसत होना पड़ता है। अरबों की संपत्ति में से एक धेला भी साथ नहीं जाता। ऊपर वाले की भी ऐसी नाइंसाफी है कि बिना कोई नोटिस दिये आदमी को अचानक पलक झपकते उठा लिया जाता है।

जमावड़ों में यह बात भी सामने आयी कि अक्सर मालदार के स्वर्गवासी या नरकवासी होने के बाद उसकी सन्तानें बाप की संपत्ति को विलासिता में उड़ा देती हैं या खुर्द-बुर्द कर देती हैं, जिससे निश्चय ही मरहूम की आत्मा को घोर कष्ट का अनुभव होता होगा।

नतीजतन एक जमावड़े में यह निर्णय लिया गया कि सरकार से दरख्वास्त की जाए कि नई टेक्नोलॉजी का उपयोग करके ऐसा इन्तज़ाम करे कि मालदारों की मौत के बाद उनकी संपत्ति उनकी इच्छानुसार स्वर्ग या नरक ट्रांसफर की जा सके। कहा गया कि लगता है अभी तक सरकार ने स्वर्ग और नरक को खोजने की कोई ईमानदार

कोशिश नहीं की। जब वैज्ञानिक चांद और दूसरे ग्रहों तक पहुंच सकते हैं तो स्वर्ग और नरक का पता क्यों नहीं लगा सकते? हर धर्म की किताबें स्वर्ग और नरक के बयानों से पटी हैं। बताया जाता है कि नरक में आत्मा को उबाला या गोदा जाता है और स्वर्ग में उसकी खिदमत के लिए सुन्दरियां या हूरें उपलब्ध रहती हैं। वैसे हमारे अज़ीम शायर 'दाग़' देहलवी इस बाबत फरमा गये हैं--- 'जिसमें लाखों बरस की हूरें हों, ऐसी जन्नत का क्या करे कोई?' फिर भी बहुत से लोग इन हूरों से मुलाकात की उम्मीद में उम्र भर ऊपर की तरफ टकटकी लगाये रहते हैं। यह समझना मुश्किल है कि शरीर-विहीन आत्मा को कैसे उबाला और गोदा जाता है। कोई 'वहां' से लौट कर आता भी नहीं है कि कुछ पुख्ता जानकारी मिले। बता दें कि भगवद्गीता ने आत्मा को अच्छेद्य, अदाह्य,अक्लेद्य और अशोष्य कहा है।

ऐसा लगता है कि ऊपर कोई सुपर कंप्यूटर है जिसमें आदमी के ज़मीन पर उतरते ही उसकी ज़िन्दगी का लेखा-जोखा अंकित हो जाता है। फिर आदमी को 'राई घटै,न तिल बढ़ै' के हिसाब से चलना पड़ेगा। यह प्रश्न उठता है कि पूरी दुनिया के आदमियों के लिए एक ही सुपर कंप्यूटर है या अलग-अलग धर्म के अलग कंप्यूटर हैं? इस भारी-भरकम काम को अकेले चित्रगुप्त संभालते हैं या अलग-अलग धर्म के अलग-अलग चित्रगुप्त हैं? यह सवाल भी पैदा होता है कि क्या हर धर्म के अपने अलग स्वर्ग और नरक हैं?

जमावड़े के निर्णय के लीक होते ही मालदारों के परिवारों और रिश्तेदारों के बीच हड़कंप मच गया। मालदारों की

अनेक संतानें मायूस होकर 'डिप्रेशन' में चली गयीं। बहुत सी बहुओं ने सुबह-शाम ससुर जी के पांव छूना और उनकी आरती उतारना शुरू कर दिया। कुछ बेटों से पिताजी को धमकी मिलने लगी कि अगर उनको अपनी संपत्ति अपने साथ ही ले जाना है तो वे अपना अलग इंतजाम कर लें और उनसे सेवा- ख़िदमत की उम्मीद न रखें। कई परिवारों में बुज़ुर्गों पर नज़र रखी जाने लगी कि वे कहां जाते हैं और किससे मिलते हैं।

उधर सरकार के पास बात पहुंची तो उसकी तरफ से मालदारों को समझाया गया कि इस मांग को छोड़ दें क्योंकि यहां की मुद्रा वहां चलती नहीं है। वहां 'बार्टर' या वस्तु-विनिमय चलता है या स्वर्ण का आदान-प्रदान होता है। इस पर मालदारों का जवाब था कि यहां की मुद्रा वहां चले न चले, उनका इरादा उसे बरबादी से बचाना था।

दबाव ज़्यादा बढ़ा तो सरकार की तरफ से निर्णय लिया गया कि तत्काल एक ताकतवर अंतरिक्ष-यान पर काम शुरू किया जाए जो स्वर्ग और नरक तक पहुंच सके और फिर वहां कुछ बैंकों की शाखाएं खोली जाएं जहां मालदारों का माल ट्रांसफर किया जा सके। इसके लिए ऊपर पहुंचे हुए बैंक कर्मचारियों, अधिकारियों की मदद ली जा सकती है।

सरकार से निर्देश पाकर वैज्ञानिक एक पावरफुल अंतरिक्ष-यान के निर्माण में जुट गये हैं जो स्वर्ग और नरक को ढूंढ़ निकालेगा। दूसरी तरफ मालदारों के परिवार-रिश्तेदार ऊपर वाले से प्रार्थना करने में जुट गये हैं कि वैज्ञानिकों की कोशिश कारगर न हो।

तलाश बकरों की

सरकार के सब विभागों ने ज़ोर-शोर से विज्ञापन निकाले हैं। विज्ञापन बकरों के लिए है, ऐसे लोगों के लिए जो हर विभाग में किसी बड़े लफड़े के लिए ज़िम्मेदारी लेंगे। दे विल टेक द ब्लेम फ़ॉर एवरी बिग स्कैम ऑर मिसडूइंग।

दरअसल कई दिनों से विभागों में यह चर्चा चल रही थी कि सरकारी विभागों में कोई न कोई लफड़ा, कोई न कोई भ्रष्टाचार होता ही रहता है, जिससे बच पाना बहुत मुश्किल है। कौटिल्य के शब्द अक्सर दुहराए जाते रहे कि 'जैसे जीभ पर रखा रस इच्छा हो या न हो, चखने में आ ही जाता है, इसी प्रकार राज्य के आर्थिक कार्यों में नियुक्त अधिकारी, इच्छा हो या न हो, राजकोष का कुछ न कुछ तो अपहरण करते ही हैं।' आर्थिक भ्रष्टाचार के अलावा रेल दुर्घटनाएं, पुलों का ध्वस्त होना, परीक्षा- पेपर लीकेज जैसी घटनाएं होती हैं जिससे मंत्री-अफसर संकट में पड़ते हैं और ज़िम्मेदारी थोपने के लिए बकरे की तलाश की जाती है।

यह बात भी चलती थी कि जब लफड़ा उजागर होता है तो आखिरी छोर पर बैठे सबसे जूनियर और सबसे निर्बल कर्मचारी के ऊपर ठीकरा फोड़ दिया जाता है और ऊपर के लोग चैन की सांस लेते हैं। कारण यह है कि नेताओं-मंत्रियों पर तो हाथ डाला नहीं जा सकता क्योंकि पार्टी की छवि खराब होगी और वोट खतरे में पड़ेंगे। अफसरों को पकड़ेंगे तो शासन चलाना मुश्किल हो

जाएगा। दे आर इनडिस्पेंसेबिल। इसलिए जूनियरमोस्ट को बलि का बकरा बना देना ही सबसे सुरक्षित होता है। इसी झंझट से मुक्ति पाने के लिए बकरों की सीधी भर्ती का निर्णय लिया गया।

अंग्रेज़ी में बलि के बकरे के लिए 'स्केपगोट' शब्द है जिसमें 'गोट' यानी 'बकरा' शब्द निहित है। 'स्केपगोट' शब्द की उत्पत्ति प्राचीन इज़राइल में हुई जहां पवित्र दिन पर एक बकरे के सिर पर समाज के सारे पाप आरोपित कर दिये जाते थे और फिर उसे जंगल में हांक दिया जाता था। इस तरह समाज साल भर के लिए पापमुक्त हो जाता था। यानी, 'स्केपगोट' वहां वही काम करता था जो हमारे यहां गंगाजी करती हैं। गंगा के मैली होने का एक कारण, जिसका ज़िक्र नहीं होता, इस गीत में निहित है---'राम तेरी गंगा मैली हो गयी, पापियों के पाप धोते धोते।'

गरीब, निर्बल लोग हमेशा रसूखदारों की गर्दन बचाने के लिए 'स्केपगोट' बनते रहे हैं। जैसे देवताओं को प्रसन्न करने के लिए बकरे की बलि दी जाती थी, ऐसे ही किसी दुर्घटना के बाद जनता के गुस्से को शान्त करने के लिए किसी मरे- गिरे बकरे को सूली पर चढ़ा दिया जाता है। कहीं पढ़ा था कि रसूखदार लोग मजबूर लोगों को अपनी जगह जेल में सज़ा काटने के लिए स्थापित करवा देते हैं।

अंग्रेज़ी में एक और दिलचस्प शब्द 'व्हिपिंग बॉय' आता है जो कई देशों में उन लड़कों के लिए प्रयोग होता था जो राजकुमारों और रसूखदार लोगों के बालकों के साथ स्कूल भेजे जाते थे और जिन्हें रसूखदार बच्चों की गलतियों की सज़ा दी जाती थी। कारण यह था कि मास्टर साहब की

हैसियत रसूखदारों के बच्चों को सज़ा देने की नहीं होती थी।

विज्ञापन में लिखा गया कि बकरा सिर्फ बारहवीं पास हो ताकि दस्तखत वस्तखत कर सके। उसे दफ्तर के बाबू के बराबर तनख्वाह मिलेगी। उसे दफ्तर आने-जाने से छूट मिलेगी, दो-चार दिन में कभी भी आकर हाज़िरी रजिस्टर में दस्तख़त कर सकेगा।

उसकी ड्यूटी सिर्फ इतनी होगी कि जब विभाग में कोई बड़ा लफड़ा हो जिसमें अफसर और दूसरे कर्मचारियों के फंसने का डर हो तब वह बहादुरी से अपनी गर्दन आगे बढ़ाये और कहे, 'सर, आई एम द कलप्रिट। आई टेक द ब्लेम।'

विज्ञापन में यह ज़िक्र किया गया कि नियुक्ति से पहले बकरे की मनोवैज्ञानिक जांच होगी ताकि वह ऐन मौके पर डर कर ज़िम्मेदारी लेने से पीछे न हट जाए।

विज्ञापन में यह भी बयान किया गया कि बकरे के सस्पेंड होने पर उसकी पगार में कोई कटौती नहीं की जाएगी और जेल जाने की नौबत आने पर पूरी तनख्वाह उसकी फेमिली को पहुंचायी जाएगी। इसके अलावा उसके फंसने पर उसे बचाने के लिए महकमे की तरफ से कोई कसर नहीं छोड़ी जाएगी। यह भी बताया गया की बकरों की हौसलाअफ़ज़ाई के लिए बकरों को 'बकरा वीर' का नाम दिया जाएगा।

इस नीति के बारे में पूछे जाने पर आला अफसर भारतेन्दु हरिश्चंद्र के नाटक 'अंधेर नगरी' का हवाला देते हैं जिसमें

फांसी का फन्दा उसी के गले में डाला जाता था जिसके गले में वह अंट सकता था।

हाल ही की ख़बर है कि सिंधुदुर्ग में शिवाजी की 35 फीट ऊंची प्रतिमा स्थापित होने के एक साल के भीतर ज़मींदोज़ हो गयी है और उसके लिए बकरे यानी मूर्तिकार की गिरफ्तारी हो गयी है। अब मूर्ति का प्रसाद पाने वाले ऊपर बैठे लोग निश्चिन्त हो सकते हैं। अब 60 फीट ऊंची नयी मूर्ति का टेंडर ज़ारी हो गया है। टेंडर में यह शर्त है कि मूर्ति 100 साल खड़ी रहनी चाहिए। उम्मीद है कि नये मूर्तिकार इस शर्त को खुशी-खुशी मान लेंगे क्योंकि 100 साल में वे खुद मूर्ति बनने लायक हो जाएंगे। बकौल 'ग़ालिब', 'ख़ाक हो जाएंगे हम तुमको ख़बर होने तक।'

उधर बिहार में पुल जितनी तेज़ी से बन रहे हैं उससे ज़्यादा तेज़ी से गिर रहे हैं। नतीजतन छोटे-मोटे बकरों को पकड़ कर लाज बचायी जा रही है, और जनता मजबूरी में नावों पर सवार होकर उनके पलटने से मर रही है। जब तक ज़िम्मेदारी ओढ़ने के लिए बकरे उपलब्ध हैं तब तक कोई चिन्ता की बात नहीं है।

भाग्यवादी होने के फायदे

हमारे देश के ज़्यादातर लोग भाग्यवादी हैं--- भाग्य, किस्मत, नसीब,नियति, मुकद्दर,फ़ेट या डेस्टिनी पर भरोसा करने वाले। सभी धर्मों के सन्तों ने भी यही कहा है कि इंसान के जीवन में सब कुछ पूर्व-नियत है, प्री-डेस्टाइन्ड। इंसान के हाथ में कुछ भी नहीं है, सब कुछ पहले से लिख दिया गया है। 'को करि तरक बढ़ावै साखा, हुइहै वहि जो राम रचि राखा', 'विधि का लिखा को मेटनहारा', 'विधना ने जो लिख दिया छठी रैन के अंक,राई घटै ना तिल बढ़ै रहु रे जीव निश्शंक', 'अजगर करै न चाकरी, पंछी करै न काम,दास मलूका कह गये सब के दाता राम', 'राम भरोसे जो रहें, परबत पै हरियांयं', 'जिसने चोंच दी है,वही चुग्गा देगा', 'देख परायी चूपड़ी मत ललचावै जीव,रूखा सूखा खायके ठंडा पानी पीव', 'जो आवे संतोष धन,सब धन धूरि समान।'

दरअसल भाग्यवादी होने के कई फायदे होते हैं। भाग्यवादी दुनिया में चल रहे बखेड़ों से परेशान नहीं होता क्योंकि उसके अनुसार सब कुछ वही हो रहा है जो पहले से लिख दिया गया है। उसे ब्लड-प्रेशर की बीमारी नहीं होती, दुनिया की हलचलों के बीच वह चैन की नींद सोता है। बड़ी से बड़ी घटना के बीच वह शान्त, स्थितप्रज्ञ बना रहता है। उसे न यूक्रेन की चिन्ता सताती है, न गज़ा की। जो मरे वे इतनी ही उम्र लेकर आये थे, जो बच गये उन्हें अभी और

जीने का वरदान मिला है। रेल दुर्घटना में मरने वालों के हिस्से में भी इतनी ही उम्र आयी थी।

हमारे समाज में भाग्यवादिता बहुत उपयोगी रही है। जीवन में असफल होने पर असफलता को भाग्य के खाते में डालकर चैन से बैठा जा सकता है। कुछ समय पहले तक लड़कियों का भाग्य माता-पिता के हाथ में रहता था। पढ़ाया तो पढ़ाया, अन्यथा पराये धन पर कौन पैसा बरबाद करे? बड़े होने पर लड़की को, बिना उसकी सहमति लिये, किसी भी एंगे-भेंगे, जुआड़ी , शराबी लड़के से ब्याह दिया जाता था और लड़की इसे अपना भाग्य मानकर गऊ की तरह पतिगृह चली जाती थी। मतलब यह कि भाग्य के हस्तक्षेप से गृहक्लेश की संभावना कम हो जाती थी।

हमारे देश में जाति-प्रथा है जिसमें आदमी जन्म लेते ही 'ऑटोमेटिकली' ऊंचा या नीचा हो जाता है। जो नीचे जन्म लेते हैं उनका सारा जीवन संघर्ष करते और अपमान झेलते ही बीतता है। समाज में उनका कोई सम्मानजनक स्थान नहीं बनता। परसाई जी ने अपनी रचना 'जिसकी छोड़ भागी' में लिखा, 'सदियों से यह समाज लिखी पर चल रहा है। लिखा कर लाये हैं तो पीढ़ियां मैला ढो रही हैं और लिखा कर लाये हैं तो पीढ़ियां ऐशो आराम भोग रही हैं। लिखी को मिटाने की कभी कोशिश ही नहीं हुई।' ऐसे में अपने जीवन को अपना भाग्य मानकर ही ढाढ़स मिल सकता है।

रियासतों के ज़माने में रियाया की स्थिति दयनीय होती थी। राजा साहब के तो दर्शन ही दुर्लभ होते थे, रियाया के लिए उनके दर्शन की इच्छा करना गुस्ताखी से काम नहीं होती थी। उनके मुसाहिब ही मनमाना शासन चलाते थे। रियाया पर हर तरह के ज़ुल्म होते थे, सुनवाई कहीं नहीं।

ऐसे में रियाया के लिए सब कुछ भाग्य के खाते में डाल देना ही एकमात्र उपाय बचता था। भाग्यवादिता ही दुर्दशा के बीच कुछ संबल देती थी।

राजाओं को निष्कंटक शासन करने योग्य बनाने के लिए पुनर्जन्म का सिद्धान्त आया जिसमें पुरोहितों और चर्च का सहयोग मिला। रियाया को बताया गया कि उनकी दुर्दशा उनके पूर्व जन्म के कर्मों के कारण है और उनका अगला जन्म तभी सुधरेगा जब वे अच्छे, आज्ञाकारी नागरिक बने रहें। इस स्थिति ने रियाया को और भाग्यवादी बनाया।

मज़े की बात यह है कि भाग्य पर भरोसे के बाद भी आदमी अनिष्ट और 'होनी' को टालने के लिए दौड़ता रहता है। बाबाओं, ओझाओं, गुनियों, तांत्रिकों, ज्योतिषियों, वास्तु-शास्त्रियों के यहां भीड़ लगती है। भविष्य को जानने के लिए ताश के पत्तों, अंकों, मुखाकृति अध्ययन, कप या गिलास में छोड़ी हुई कॉफी-चाय या शराब की जांच-पड़ताल जैसे अनेक टोटकों को अपनाया जाता है। बहुत से लोग उंगलियों में नाना रत्नों से जड़ी अंगूठियां पहनते हैं। कुछ लोग बायें हाथ की उंगलियों में भी अंगूठियां पहनते हैं जिसे देखकर मुझे सिहरन होती है। शायद वे उन्हें टॉयलेट जाते समय उतार देते होंगे। कहने का मतलब यह है कि आदमी को भाग्य पर यकीन तो है, लेकिन वह दुर्भाग्य को टालने में दिन-रात लगा रहता है।

गांव में जब हमें किसी 'अशुभ' दिन यात्रा पर निकलना पड़ता था तो एक दिन पहले अपना कुछ सामान आगे के किसी घर में रखवा दिया जाता था। इस प्रकार एक दिन

पहले 'प्रस्थान' हो जाता था और अशुभ दिन की काट हो जाती थी।

सत्य यह है कि दुनिया भाग्य के नहीं, श्रम और प्रयास के भरोसे चलती है। दुनिया के सारे अविष्कार प्रयास और मेहनत से हुए हैं। भाग्यवादिता शान्ति तो दे सकती है, लेकिन जीवन के कांटे दूर नहीं कर सकती। दशरथ मांझी भाग्य के भरोसे बैठे रहते तो पत्नी के लिए पहाड़ काटकर रास्ता न बनाते। बकौल परसाई जी, 'भाग्य कुछ नहीं है। यह झूठा विश्वास है। सार्थक श्रम पर विश्वास किया जा सकता है।'

इस सिलसिले में मक़बूल शायर निदा फ़ाज़ली के ये शेर मौजूं हैं--- 'कोशिश भी कर, उमीद भी रख, रास्ता भी चुन; फिर इसके बाद थोड़ा मुकद्दर तलाश कर', और 'खुदा के हाथ में मत सौंप सारे कामों को, बदलते वक्त में कुछ अपना इख्तियार भी रख।'

अमेरिका के 16 वें राष्ट्रपति अब्राहम लिंकन ने मार्के की बात लिखी है--- 'भविष्य को इंगित करने का सबसे अच्छा तरीका उसका निर्माण करना है।' अर्थात, हमारा प्रयास भविष्य को खोजने के बजाय उसे निर्मित करने में होना चाहिए।

जीवन और भोजन

भोजन सभी जीवो के लिए ज़रूरी है। वन्य पशुओं में भोजन के लिए दिन रात मारकाट चलती है। चौबीस घंटे जीवन संकट में रहता है। मनुष्य भी भोजन से पोषक तत्व और ऊर्जा प्राप्त करता है। समझदार कहते हैं कि बिना भोजन के आदमी का जीवन 35-40 दिन से आगे चलना मुश्किल है।

शुरू में आदमी गुफावासी था और भोजन के लिए उसे बाहर निकल कर पशुओं का शिकार करना पड़ता था। लेकिन वह अक्सर खुद भेड़ियों का शिकार हो जाता था, जो उस पर हमला करके तुरन्त उसका पेट फाड़ देते थे। यानी भोजन की तलाश में प्राण ही दांव पर लग जाते थे। महापंडित राहुल सांकृत्यायन की पुस्तक 'वोल्गा से गंगा' में इन स्थितियों का विशद वर्णन मिलता है।

आग का अविष्कार हुआ तो आदमी की ज़िन्दगी कुछ आसान हुई। हिंस्र पशुओं को आग से डरा कर दूर रखा जा सका और भोजन को पका कर कोमल और सुरक्षित बनाया जा सका। दांतों को कसरत और नुकसान से राहत मिली। इसके बाद धातुओं के अविष्कार से भोजन को काटना- छांटना सरल हुआ। कृषि और पशुपालन के साथ आदमी के जीवन में स्थिरता आयी और ख़ानाबदोशी में विराम लगा।

सामन्तों और राजाओं के उदय के साथ प्राकृतिक शक्तियों और देवताओं को प्रसन्न करने के इरादे से यज्ञ शुरू हुए और इसके साथ पुरोहितों की भूमिका महत्वपूर्ण हुई। पुण्य कमाने के लिए ब्राह्मणों और अन्य नगरवासियों के भोज की व्यवस्था शुरू हुई। आनन्द और शोक के अवसर पर भोज देने के लिए नियम बने। हाल तक बड़े लोगों के शादी-ब्याह में पूरे गांव की 'पंगत' होती थी। सड़क के किनारे ही आसन और पत्तल बिछ जाते थे। पानी के लिए लोग अपना-अपना लोटा या गिलास लेकर आते। रसूखदार लोगों के साथ उनके सेवक लोटा-गिलास लेकर चलते थे। जिन बिगड़े रईसों के पास सेवक नहीं होते थे वे किसी साधारण आदमी को उनका लोटा-गिलास लेकर चलने के लिए राज़ी करके अपनी इज़्ज़त बचाते थे।

धर्म के अनुसार तेरहीं पर भोज देना भी अनिवार्य था, अत: कई बार मृतक की तेरहीं के साथ जीवितों की भी तेरहीं हो जाती थी। आदमी अब इन कर्मकांडों से मुक्ति के लिए छटपटाता है, लेकिन समाज का दबाव और अदृश्य का भय उसे मुक्ति से दूर रखता है।

धर्म और जाति आये तो 'रोटी-बेटी' का परहेज़ भी आया। जिन्हें नीची जाति कहा जाता है उनकी उप-जातियों में भी रोटी-बेटी के संबंध में अड़चन आती है। विडंबना यह है कि मुफ्त में मिली श्रेष्ठता पर लोग गर्व करते हैं। अंतर्जातीय और अंतरधार्मिक विवाहों के कारण ये परहेज़ टूट रहे हैं, लेकिन उन्हें पोसने और पुष्ट करने वाली शक्तियां भी पूरी तरह सक्रिय हैं।

जल्दी ही आदमी की समझ में आ गया कि भोजन महज़ पेट भरने की चीज़ नहीं है। उससे पुण्य प्राप्ति के

अतिरिक्त बहुत से काम साधे जा सकते हैं। अब संबंध बनाने और बढ़ाने के लिए भोजन का उपयोग किया जाने लगा। लोगों को भरोसा है कि जो नमक खाएगा वह नमक का ऋण ज़रूर चुकाएगा। राणा प्रताप के राजा मानसिंह से संबंध इसलिए दरक गये थे क्योंकि उन्होंने मानसिंह के साथ भोजन पर बैठने से इनकार कर दिया था।

भोजन का उपयोग रोब-दाब के लिए भी होता है। पैसे वाले ब्याह-शादी में भोजन में इतनी विविधता रखते हैं कि आमंत्रितों की आंखें चौंधया जाती हैं । व्यंजनों के दर्शन करते ही मन अघा जाता है।

राजनीतिक पार्टियों ने भी राजनीति के लिए भोजन का महत्व समझ लिया है। इसीलिए 80 करोड़ लोगों को प्रति माह 5 किलो अनाज मुफ्त प्राप्त हो रहा है। कई राज्यों में सस्ते भोजनालय खोले जा रहे हैं। भरोसा है कि चुनाव में जनता का आशीर्वाद प्राप्त होगा। दावा किया जाता है कि भारत विश्व की तीसरी सबसे बड़ी अर्थव्यवस्था बनने जा रहा है, लेकिन वह कैसी मज़बूत अर्थव्यवस्था होगी जिसके 60 प्रतिशत लोग 5 किलो अनाज के लिए लाइन में खड़े होंगे?

एक नयी प्रवृत्ति यह पैदा हुई है कि बड़े-बड़े नेता गरीबों के घर में बैठकर भोजन करने लगे हैं। इस बहाने गरीब के घर की सफाई और रंगाई- पुताई हो जाती है। कई बार भोजन होटलों से मंगवा लिया जाता है, गरीब के घर में सिर्फ बैठकर फोटो खिंचाने का काम होता है। जनता अपने नेताओं के इस ढोंग को देखकर अपना भाग्य सराहती है।

कवि 'धूमिल' की प्रसिद्ध कविता के अनुसार रोटी बेलने वालों और रोटी खाने वालों के बरक्स एक और वर्ग है जो रोटी से खेलता है। यह तीसरा वर्ग कौन है, इस प्रश्न का जवाब संसद से भी नहीं मिलता। सवाल यह है कि सरकार के द्वारा 80 करोड़ लोगों को मुफ्त अनाज देना वोटों के लिए रोटी से खेलना तो नहीं है?

राजनीति के रंगरूटों के लिए प्रशिक्षण योजना

होशियार सिंह 'देशप्रेमी' अपनी ज़िन्दगी में बहुत से धंधे कर चुके हैं। धन भी काफी कमाया है। अब उनका रुझान राजनीति में प्रवेश के इच्छुक लोगों के लिए एक ट्रेनिंग स्कूल खोलने की तरफ है। उनका कहना है कि लोग बिना राजनीति की तबियत और उसके लिए ज़रूरी खूबियों को समझे उसमें जगह बनाने की कोशिश करते हैं और इसीलिए सारी ज़िन्दगी एक ही जगह पांव पीटते रह जाते हैं। हासिल कुछ नहीं होता।

एक मुलाकात में होशियार सिंह ने अपनी योजना पर तफ़सील से प्रकाश डाला। बताया कि पॉलिटिक्स का बुनियादी उसूल यह है कि कोई उसूल नहीं होना चाहिए। पॉलिटिक्स में उसूल पालने का मतलब अपने पैरों पर कुल्हाड़ी मारना। उसूल वाला आदमी पॉलिटिक्स में नाकारा और नालायक माना जाता है। कोई उसे सीरियसली नहीं लेता, न कोई उसकी बातों को तरजीह देता है। इसलिए पॉलिटिक्स के प्रवेशार्थी को जल्दी से जल्दी उसूलों की बीमारी से मुक्त हो जाना चाहिए। 'उसूल उतारे,भुइं धरे, तब पैठे (राजनीति के) घर माहिं।'

होशियार सिंह ने दूसरी बात बतायी कि पॉलिटिक्स के प्रवेशार्थी को रीढ़ झुकाने और पावरफुल लोगों के चरण छूने में कोताही नहीं करना चाहिए। सामने वाला भ्रष्ट है

या बलात्कारी, चरण छूने वाले से उम्र में छोटा है या बड़ा, ये सब बातें मायने नहीं रखतीं। प्रवेशार्थी का लक्ष्य अर्जुन की तरह सब कुछ भूल कर चिड़िया की आंख पर होना चाहिए।

उनके अनुसार राजनीति के आदमी को अपने चेहरे को ऐसा रखना सीखना होगा कि कोई उसके मन का भाव न पढ़ सके। राजनीतिज्ञ का जीवन बहता पानी होता है। आज इस पार्टी के किनारे हैं, कल दूसरी पार्टी के किनारे। मन के भाव और इरादे छिपाने के लिए राजनीतिज्ञ को 'पोकर फेस्ड' होना चाहिए, यानी उसे जुआड़ी की तरह अपने चेहरे को भावशून्य रखना सीखना चाहिए ताकि अन्य खिलाड़ी उसके हाथ के पत्तों का अन्दाज़ न कर सकें।

आगे होशियार जी ने बताया कि राजनीति में आदमी को 'थिक स्किन्ड' यानी कुछ मोटी चमड़ी का होना चाहिए। कई बार ऊपर के नेताओं या जनता के हाथों अपमानित होना पड़ता है,अर्श से फर्श पर उतरना पड़ता है, लेकिन राजनीतिज्ञ को अपमान को दिल पर नहीं लेना चाहिए। 'कभी न छोड़ें खेत' की नीति पर चलना चाहिए। खुद्दारी और आत्मसम्मान को उठाकर परे रख देना चाहिए।

होशियार जी ने यह भी बताया कि वे प्रवेशार्थियों की ट्रेनिंग के लिए कुछ नाट्य-कर्मियों को भी बुलाएंगे जो उन्हें ज़रूरत पड़ने पर तुरन्त आंसू बहाने और बिना लज्जा के जनता के सामने झूठे वादे करने का अभ्यास कराएंगे। वे विपक्षियों के सच को तत्काल झूठा साबित करने का भी अभ्यास करेंगे।

एक और बात होशियार जी ने कृपापूर्वक बतायी कि पॉलिटिक्स में 'वफादारी' का रोग नहीं पालना चाहिए। पार्टी में रहो, लेकिन जब छोड़ना फायदे का सौदा लगे, एक झटके में, बेदिली से छोड़ दो। फिर पीछे मुड़कर देखने की ज़रूरत नहीं। ऐसा ही पुराने दोस्तों के मामले में भी करना चाहिए।

होशियार जी के हिसाब से एक बहुत ज़रूरी बात यह है कि राजनीतिज्ञ जब भी कहीं मुंह खोले, अपनी पार्टी के सर्वोच्च नेता की तारीफ में कसीदे ज़रूर पढ़े। यह उसके पद की सुरक्षा का रामबाण नुस्खा है। कई लोग भाषण देने से पहले प्रभु की स्तुति में श्लोक पढ़ते हैं। राजनीतिज्ञ के लिए हाई कमांड ही प्रभु होती है, उसी के हाथ में राजनीतिज्ञ का कैरियर, उसकी सुख-समृद्धि होती है। इसलिए ऊपर वालों (भगवान नहीं) से हमेशा सुर मिलाकर चलना चाहिए। सावधानी हटते ही दुर्घटना घटती है और आदमी संसद से सड़क पर आ जाता है। इसलिए राजनीतिज्ञ को चौबीस घंटे चौकन्ना और जागरूक रहना चाहिए।

भाई होशियार सिंह ने अन्त में बताया की कई प्रवेशार्थी 'जागृत अन्तरात्मा सिंड्रोम' नामक रोग से पीड़ित होते हैं। उनकी अन्तरात्मा बीच-बीच में कराहने लगती है। ऐसे लोगों की अन्तरात्मा को सुलाने और शान्त करने के लिए देश के बड़े 'एनेस्थीसिया' विशेषज्ञों की राय ली जा रही है।

मैंने होशियार सिंह को उनकी योजना की सफलता के लिए शुभकामनाएं दीं कि वे भावी राजनीतिज्ञों में ज़रूरी खूबियां पैदा करके देश का भविष्य उज्ज्वल बनाने के अपने मिशन में कामयाब हों। साथ ही उन्हें आगाह किया कि

राजनीति के रंगरूटों को ट्रेनिंग देते वक्त वे यह कभी न भूलें कि हमें जल्दी से जल्दी विश्वगुरू का दर्ज़ा प्राप्त करना है।

मनुष्यों में आहार-शृंखला

आदमी अपनी उपलब्धियों की कितनी ही डींग मार ले, कभी न कभी उसे प्रकृति की अद्भुत व्यवस्था के सामने नतमस्तक होना पड़ता है। प्रकृति की ऐसी ही एक व्यवस्था 'फूड-चेन' यानी आहार-शृंखला है जिसके अनुसार पोषक-तत्व और ऊर्जा एक जीव से दूसरे जीव में स्थानांतरित होती है। जब एक जीव दूसरे को अपना भोजन बनाता है तो पोषक-तत्वों और ऊर्जा का स्थानांतरण पहले जीव से दूसरे जीव में हो जाता है। सन्देह होता है कि कहीं इस प्रकृति-प्रदत्त ऊर्जा को ही हम 'आत्मा' कह कर तो नहीं पुकारने लगे,जिसे भगवद्गीता में अच्छेद्य,अदाह्य, अक्लेद्य और अशोष्य कहा गया है।

विज्ञान के अनुसार ऊर्जा न तो निर्मित की जा सकती है, न ही वह नष्ट होती है। वह केवल जीवों के बीच में हस्तांतरित होती है। ऊर्जा के इस हस्तांतरण के कई स्तर होते हैं। सबसे निचले स्तर पर पौधे होते हैं जिन्हें उत्पादक या प्रोड्यूसर कहा जाता है क्योंकि ये सूर्य से ऊर्जा प्राप्त कर अपना भोजन तैयार करते हैं। इस प्रक्रिया को 'फोटोसिंथेसिस' कहते हैं। इनके ऊपर उपभोक्ताओं की अनेक श्रेणियां होती है जिन्हें प्राथमिक, द्वितीयक, तृतीयक उपभोक्ता कहा जाता है। उदाहरण के लिए, घास उत्पादकों की श्रेणी में आती है, उसे खाकर एक टिड्डा पोषक-तत्व और ऊर्जा प्राप्त करता है। टिड्डे को चूहा, चूहे को सांप और सांप को उकाब या गरुड़ खाता है। इस प्रकार

ऊर्जा के स्थानांतरण का क्रम चलता रहता है और आहार-शृंखला का निर्माण होता जाता है। शृंखला के अन्तिम छोर पर 'स्केवेंजर्स' यानी सियार और लकड़बग्घे जैसे सफाई करने वाले जीव और 'डीकंपोज़र्स' यानी मरे पशुओं को खाकर मिट्टी में बदल देने वाले फंगस और बैक्टीरिया जैसे जीव होते हैं।

जब 'डीकंपोज़र्स' जीव के शरीर को मिट्टी में परिवर्तित कर देते हैं तो ऊर्जा पुनः मिट्टी की शक्ल में प्रकृति की व्यवस्था में लौट आती है और चक्र पूरा हो जाता है।

मनुष्य भी इसी प्रकार ऊर्जा प्राप्त करता है। वह शाकाहारी भी होता है और मांसाहारी भी। इसलिए उसे प्राथमिक उपभोक्ता या द्वितीयक (अथवा तृतीयक)उपभोक्ता कहा जा सकता है।

लेकिन मनुष्य अन्य जीवों की तुलना में अधिक बुद्धि-संपन्न प्राणी है, प्रकृति के द्वारा निर्मित आहार-शृंखला से उसका पेट नहीं भरता। इसलिए उसने अपने लिए प्रकृति की आहार- शृंखला से इतर आहार-शृंखला निर्मित की है जो उसे अधिक पोषण और ऊर्जा प्रदान करती है। इस शृंखला को 'उत्कोच-शृंखला' कहा जा सकता है। इस आहार-शृंखला के उपभोक्ता कुछ खास पदों पर बैठे खुशकिस्मत लोग होते हैं जब कि इसमें उत्पादक विभिन्न व्यवसायों में लगे बहुसंख्यक लोग होते हैं।

मनुष्य के द्वारा निर्मित इस आहार- शृंखला में उत्पादक से ऊर्जा और पोषण का संग्रह सबसे निचले अधिकारी या सबसे ऊपर के अधिकारी के द्वारा किया जाता है। इसके

बाद ऊर्जा का स्थानांतरण उचित अंशों में नीचे से ऊपर की ओर या ऊपर से नीचे की ओर होता है। इस क्रम में थोड़ी बहुत हिंसा या क्रूरता उत्पादक के साथ ही होती है। उसके बाद पोषक-तत्वों का हस्तांतरण प्रेमपूर्वक, ईमानदारी से होता है, जबकि अन्य जीवों में उपभोग के प्रत्येक स्तर पर हिंसा और क्रूरता का व्यवहार होता है। इस दृष्टि से मनुष्य के द्वारा निर्मित आहार-शृंखला प्रकृति की आहार-शृंखला की तुलना में अधिक मानवीय कही जा सकती है।

मनुष्यों की आहार-शृंखला में 'स्केवेंजर्स' भी होते हैं जो आहार-ग्रहण की प्रक्रिया के सबूतों को मिटाते हैं। इसी प्रकार इसमें 'डीकंपोज़र्स' होते हैं जो मरे-गिरे मनुष्य को अपना भोजन बनाकर उसे मिट्टी बना देते हैं।

मनुष्य को इस शृंखला में अपने संचित पोषक-तत्वों को चोरों, लुटेरों,ई.डी.,इनकम टैक्स जैसे शिकारियों से बचाना पड़ता है। इनसे बच गये तो फिर मनुष्य को यह सुविधा मिलती है कि अपने पोषक-तत्वों को अपनी सन्तानों को हस्तांतरित कर सके और अपनी तरह उनके जीवन को भी खुशहाल बना सके।

परमलाल की पाप-मुक्ति

परमलाल की ज़िन्दगी घोर गरीबी में गुज़री। छोटे-मोटे अपराध करके ज़िन्दगी को ढकेलना नियति बना रहा। पढ़ने-लिखने का कोई वातावरण नहीं रहा। नतीजतन कल की समस्या हमेशा सामने खड़ी रही।

बड़ा होने पर बड़े अपराधियों का संग मिला। आसानी से बड़ी कमाई करने का वही ज़रिया दिखा। चोरी, सेंधमारी, सड़क पर छीन-झपट करने लगा। किस्मत अच्छी थी कि कभी पकड़ा नहीं गया।

हिम्मत बढ़ी तो एक दिन दो साथियों के साथ एक एटीएम मशीन तोड़ने में लग गया। तभी किसी ने पुलिस को सूचित कर दिया और तीनों धर लिये गये। तीन महीने बाद तीनों ज़मानत पर छूटे, लेकिन तब से पुलिस की नज़र उनकी गतिविधियों पर रहती है। हर हफ्ते थाने में हाज़िरी देनी पड़ती है। ज़िन्दगी मुश्किल हो गयी है।

इसी बीच महाकुंभ का हल्ला मचा। टीवी पर कुंभ में इकट्ठे जनसमूह की तस्वीरें दिन रात चलने लगीं। परमलाल के घर में छोटा टीवी था। उसी में वे रंग बिरंगे चित्र चलते रहते। परमलाल आंखें फाड़े उन दृश्यों को देखता रहता।

फिर एक दिन एक धर्माचार्य आये। उन्होंने बताया कि कुंभ में गंगा-स्नान से अनेकों जन्म के पाप धुल जाते हैं।

परमलाल चमत्कृत हुआ। तुरन्त तैयारी करके प्रयागराज पहुंच गया। रात को एक चाय वाले की खुशामद करके उसकी दूकान में सोया। सवेरे स्नान किया। प्रमाण के तौर पर वहां उपस्थित लोगों की मदद से रील भी बना ली। और भी प्रमाण संभाल कर रख लिये। फिर खुश खुश घर लौटा।

कुंभ से लौटकर सीधा अपने वकील के पास पहुंचा। बोला, 'वकील साहब, मैं कुंभ स्नान कर आया। ये सारे सबूत हैं। अब मेरे सारे पाप धुल गये। अब आप अदालत में अर्जी लगा दें कि मेरा केस खारिज करके मुझे बरी कर दिया जाए। अब आगे कोई पाप नहीं करूंगा।'

तब से वह वकील साहब के चक्कर काट रहा है और वकील साहब उससे पीछा छुड़ाते फिर रहे हैं।

बलिहारी गुरु आपने

कुंभ-स्नान के लिए नहीं जा पाया। दिल में बहुत मलाल है। गंगा मैया क्षमा करें। कारण यह है कि जाड़े में घर में ही स्नान मुल्तवी हो जाता है, भीड़-भाड़ और धक्का-मुक्की में प्रयागराज पहुंचकर इस कंचन काया को ठंडे पानी में कैसे डुबाया जाए? सयाने कह गये हैं कि 'काया राखे धरम' होता है। एक बाबाजी कुंभ-स्नान के लिए न पहुंचने वालों को 'देशद्रोही' की संज्ञा दे चुके हैं। डर लगता है कि कहीं शासन बाबाजी के कहने के हिसाब से कार्यवाही न करने लगे। आजकल बाबाओं की बड़ी कद्र है। देश के बेरोज़गार युवकों को भी बाबागिरी में अच्छा विकल्प दिख रहा है। इसमें किसी डिग्री की दरकार नहीं है और इज़्ज़त के साथ दक्षिणा भरपूर है।

धर्माचार्य कह रहे हैं कि कुंभ में नहाने से मोक्ष मिलेगा। मतलब यह कि मेरे जैसे स्नान-भीरु लोगों को बार-बार जन्म लेना पड़ेगा। मोक्ष नहीं मिलेगा। दूसरों की तो मैं नहीं जानता, लेकिन अपने मन की बात बताऊं कि अभी मोक्ष की इच्छा नहीं है। यह दुनिया कंबख़्त इतनी दिलकश है कि बार-बार जन्म लेने की इच्छा होती है। बस शर्त यह है कि जन्म मनुष्य के रूप में और ऊंची जाति में मिले। नीची जाति में जन्म लेकर फजीहत झेलने से तो मोक्ष अच्छा। मनुष्य की ऊंची जाति में जन्म के साथ यह भी ज़रूरी होगा कि पैसा-कौड़ी का अभाव न रहे। कोई मलाईदार पद मिलता रहे तो सोने में सुहागा होगा।

कुंभ के दृश्य टीवी पर देखते देखते एक बाबा ने ध्यान खींचा। कद 3 फुट 8 इंच, नाम छोटू बाबा। सबसे महत्वपूर्ण बात यह कि छोटू बाबा ने 32 साल से स्नान नहीं किया है। उनके दर्शन से मन में भक्ति उमड़ पड़ी। मोक्ष के अयोग्य होने की ग्लानि एकदम छंट गयी। मनोबल ठाठें मारने लगा। लगा कि ऐसे ही गुरू को मैं अरसे से तलाश रहा था। अब जाकर तलाश पूरी हुई।

छोटू बाबा ने बताया कि उन्होंने कोई व्रत लिया था और उसके पूरा होने पर वे उज्जैन में स्नान करेंगे। मेरे दिमाग में सवाल उठा कि जब उन्हें नहाना नहीं था तो वे कुंभ में किस लिए पधारे थे?

जो भी हो, अपने न नहाने के व्रत की बात उजागर करने के बाद भी लोग छोटू बाबा को पूज रहे थे, उन्हें दक्षिणा दे रहे थे, उनके फोटो खींच रहे थे, उनका आशीर्वाद ले रहे थे। देखकर मुझे लगा कि नहाने से परहेज़ करना कोई शर्म की बात नहीं है। बिना नहाये भी आदमी अपने मनोबल को ऊंचा रख सकता है और दुनिया से वैराग्य होने पर सन्त महन्त का दर्ज़ा पा सकता है। सोच लिया कि अब यदि न नहाने को लेकर घर में लानत- मलामत होगी तो छोटू बाबा को सामने रखकर पुख्ता जवाब दे सकूंगा।

टीवी पर छोटू बाबा के दर्शन होने के बाद मन में बड़ी बेचैनी है। बलवती इच्छा है कि कुंभ की गहमा-गहमी और सर्दी कुछ हल्की हो तो छोटू बाबा को ढूंढ़ कर उनके चरण पकड़ूं और मुझे अपना शिष्य बना लेने की प्रार्थना करूं। मेरे लिए उनसे बेहतर गुरू हो नहीं सकता। मैंने भी व्रत ले लिया है कि अपना अगला स्नान गुरू जी के साथ उज्जैन में ही करूंगा। महाजनो येन गतः स पंथाः।

कुंभ और भ्रष्टाचार-मुक्ति का नुस्खा

कुंभ की गहमा-गहमी है। सब तरफ आदमियों के ठठ्ठ दिखायी पड़ते हैं। जनता- जनार्दन और वीआईपीज़, वीवीआईपीज़ के घाट अलग-अलग हैं। जनता के घाटों पर भारी भीड़ है। वीआईपीज़ के घाटों पर भीड़ कम है, वहां गाड़ियां आराम से दौड़ रही हैं। वीआईपीज़ को कुछ लोग घेर कर सुरक्षित स्नान करा रहे हैं। कुछ भगवाधारी भी वीआईपीज़ को घेर कर उन पर चुल्लू से पानी डाल रहे हैं। शायद ये वे महन्त होंगे जिनके अखाड़े में वीआईपीज़ जजमान हैं। इन वीआईपीज़ को धरती पर तो स्वर्ग हासिल हो चुका, अब सन्त महन्त उन्हें ऊपर वाले स्वर्ग में जगह दिलाने की कोशिश में लगे हैं। महन्तों के द्वारा अपने देशी- विदेशी चेलों की सुविधा का पूरा ख़याल रखा जा रहा है। वीआईपी- घाटों पर पुलिस की व्यवस्था चाक-चौबन्द है। मीडिया वाले सब तरफ पगलाये से दौड़ रहे हैं--- कभी फोटो के लिए तो कभी श्रद्धालुओं के बयान के लिए।

अचानक कुछ वीआईपी-घाटों से काले काले थक्के तैरते हुए जनता घाटों की तरफ आने लगे। लोग कौतूहल से उन्हें देखने लगे। थक्कों ने जनता-घाटों के श्रद्धालुओं को छुआ तो उनके शरीर में जलन होने लगी। उनसे अजीब बदबू भी निकल रही थी।

खबर फैली कि ये पाप के थक्के थे जो वीआईपी घाटों से तैर कर आ रहे थे। अधिकारियों और पुलिस वालों में

भगदड़ मच गयी। जल्दी ही पानी में रबर की चार-पांच नावें उतरीं और थक्कों को समेट कर जल्दी-जल्दी पॉलिथीन के थैलों में डाला जाने लगा। जनता-घाटों पर लोग ठगे से इन थक्कों को देख रहे थे।

थोड़ी देर में घाटों पर कुछ अधिकारी ध्वनि-विस्तारक लिये हुए पहुंच गये। घोषणा होने लगी कि जनता भ्रम में न पड़े, ये थक्के पाप के नहीं, पुण्य के थे। बताया गया कि वीआईपीज़ को बड़े-बड़े महन्तों का आशीर्वाद प्राप्त था, इसलिए उनके शरीर से पाप छूटने का सवाल ही नहीं था।यह भी कहा गया कि थक्कों से बदबू नहीं, ख़ुशबू निकल रही थी। शायद ठंडे पानी में स्नान के कारण लोगों पर ज़ुकाम का असर हो गया होगा, इसीलिए वे ख़ुशबू को बदबू समझ रहे थे।

एक युवक घाट के पास सिर लटकाये बैठा था। एक अधिकारी उसके पास पहुंचा, पूछा, 'स्नान हो गया?'

युवक ने जवाब दिया, 'हो गया।'

अधिकारी बोला, 'तो अब आगे बढ़िए। यहां क्यों बैठे हैं?'

युवक कुछ सोचता सा बोला, 'जाता हूं।'

अधिकारी ने फिर पूछा, 'क्या बात है? कुछ परेशानी है?'

युवक बोला, 'सर, हमें बताया जा रहा है कि यहां 60 करोड़ से ज्यादा लोग डुबकी लगा गये,पापमुक्त हो गये। लेकिन मैंने आज ही अखबार में पढ़ा है कि 2024 के भ्रष्टाचार सूचकांक में हमारा देश 180 देशों में 93 नंबर से खिसक कर 96 पर पहुंच गया, यानी तीन सीढ़ी नीचे खिसक गया।

एक तरफ पाप धुल रहे हैं, दूसरी तरफ भ्रष्टाचार के मामले में हमारी जगहंसाई हो रही है।'

अधिकारी हंसा, बोला, 'वाह महाराज! काजी जी दुबले क्यों, शहर के अंदेशे से। आपके पाप तो धुल गये? चलिए, आगे बढ़िए।'

युवक चलते-चलते बोला, 'सर, मैं यह सोचकर परेशान हो रहा हूं कि कहीं पाप धोने की सुविधा मिलने का गलत असर तो नहीं हो रहा है। अपराधी प्रवृत्ति के लोग सोचने लगें कि अपराध करके भी पाप-मुक्त हुआ जा सकता है। यानी पाप धोने की सुविधा से कहीं अपराधों को प्रोत्साहन तो नहीं मिल रहा है?

'दूसरी बात यह कि अपराधी के पाप तो गंगा-स्नान से धुल जाएंगे, लेकिन इससे उनको क्या मिलेगा जिनके प्रति अपराध हुआ है? अपराधी तो कुंभ-स्नान करके पवित्र और स्वर्ग का अधिकारी हो जाएगा लेकिन जिसकी हत्या हुई है या जिसके साथ बलात्कार हुआ है या जिसके घर चोरी-डकैती हुई है उसे क्या मिलेगा? क्या यह न्याय-संगत है कि पाप करने वाला निर्दोष और पवित्र हो जाए और उसके सताये हुए लोग उसके दुष्कर्मों का परिणाम भोगते रहें?'

अधिकारी कानों को हाथ लगाकर बोला, 'बाप रे, तुम्हारी बातें तो बड़ी खतरनाक हैं। मेरे पास इनका जवाब नहीं है।'

युवक बोला, 'सर, मेरे खयाल से हमें ऐसी दवा की ज़रूरत ज़्यादा है जिसको लेने से हमारे दिमाग में पाप और अपराध की इच्छा पैदा ही न हो। पोलियो वैक्सीन की तरह

बचपन में ही सभी को इस दवा की डोज़ दे दी जाए। तभी हम भ्रष्टाचार और अपराध की बीमारी से बच पाएंगे।'

अधिकारी हाथ जोड़कर बोला, 'भैया, हम छोटे आदमी हैं। हमें ये सब बातें मत बताओ। किसी ने सुन लिया तो हमारी पेशी हो जाएगी।'

कवि की भार्या

छोटेलाल 'अनमने' होलटाइम कवि हैं, 24 गुणा 7 वाले। वे सारे समय कविता में रसे-बसे रहते हैं। नींद में भी कविता उनके दिमाग में घुड़दौड़ मचाये रहती है। नींद खुलते ही सबसे पहले सपने में आयी कविताओं को रजिस्टर में उतारते हैं, उसके बाद ही बिस्तर छोड़ते हैं। सड़क पर चलते भी कविता में डूबे रहते हैं। कई बार एक्सीडेंट की चपेट में आ चुके हैं, लेकिन गनीमत रही कि कोई हड्डी नहीं टूटी।

'अनमने' जी कविता पढ़ते अपनी फ़ोटो फेसबुक पर डालते रहते हैं--- कभी नदी किनारे, कभी पहाड़ पर, कभी रेल की पटरी पर, कभी पुराने किलों और स्मारकों पर। कोई महत्वपूर्ण जगह उनके कविता-पाठ से अछूती नहीं रहती। जंगल में खड़े होकर कविता के मार्फत सत्ता को ललकारते रहते हैं।

'अनमने' जी अपने झोले में अपने कविता-संग्रह की दो-तीन प्रतियां हमेशा रखते हैं। कोई परिचित मिलते ही उसके हाथ में अपनी किताब देकर फ़ोटो खींच लेते हैं और फेसबुक पर डाल देते हैं। कैप्शन होता है--- 'अमुक जी मेरी कविताएं पढ़ते हुए।' इस मामले में बच्चे भी नहीं बख्शे जाते। वे भी 'अनमने' जी के पाठक बन जाते हैं। 'अनमने' जी कई राजनीतिज्ञों को भी अपनी किताब पकड़ाकर फ़ोटो डाल चुके हैं। राजनीतिज्ञ भी खुश हो जाते हैं क्योंकि मुफ्त में साहित्य-प्रेमी होने का प्रचार हो जाता है।

चौंतीस साल के 'अनमने' जी अभी तक कुंवारे हैं। लड़कियां तो कई देखीं, लेकिन सर्वगुण-संपन्न होने के बावजूद उनमें साहित्य-प्रेम का अभाव 'अनमने' जी को हर बार खटकता रहा। अन्ततः एक कन्या उन्हें भा गयी। हिन्दी में एम.ए.। 'अनमने' जी ने उससे पूछा, 'कौन-कौन से कवि पढ़े हैं?' कन्या ने निराला, नागार्जुन, केदारनाथ अग्रवाल के नाम बताये तो 'अनमने' जी ने पूछा, 'महाकवि अनमने को नहीं पढ़ा?' कन्या ने भोलेपन से पूछा, 'ये कौन हैं?' 'अनमने' जी ने जवाब दिया, 'पता चल जाएगा। इनको पढ़ोगी तो सब कवियों को भूल जाओगी।'

विवाह हो गया। पति-पत्नी के मिलन की पहली रात को नववधू पति की प्रतीक्षा में कमरे में बैठी थी। 'अनमने' जी ने कमरे में प्रवेश किया, हाथ में कविता की पोथी। थोड़ी देर की औपचारिक बातचीत के बाद पत्नी से बोले, 'तुम भाग्यशाली हो कि तुम्हारी शादी एक बड़े कवि से हुई। अब तुम्हें मेरी हर कविता की पहली श्रोता बनने का मौका मिलेगा। आज मैं बहुत प्रसन्न हूं। इस अवसर पर कुछ बेहतरीन कविताएं तुम्हारे सामने पेश करता हूं। उन्हें सुनकर तुम समझोगी कि तुम्हारा पति कितना बड़ा कवि है।'

वे पोथी खोलकर शुरू हो गये। एक के बाद दूसरी कविता। हर रस की कविता। पत्नी सुनते सुनते कब नींद में लुढ़क गयी कवि को पता ही नहीं चला।

भोर हो गयी। मुर्गे बांग देने लगे। घर में बातचीत और बर्तनों की खटर-पटर सुनायी देने लगी, लेकिन 'अनमने' जी की कविता बिना रुके प्रवाहित हो रही थी। पांच छः रसों को मटियामेट करने के बाद शृंगार रस तक पहुंचे ही

थे कि अचानक नववधू उठी और तेज़ी से कमरे से बाहर हो गयी। 'अनमने' जी अकबकाये उसे देखते रह गये।

थोड़ी देर में पता चला कि नववधू सड़क से ऑटो पकड़कर कहीं चली गयी। उसका मायका लोकल था। घर में हल्ला मच गया। किसी की कुछ समझ में नहीं आया।

डेढ़ दो घंटे बाद वधू के बड़े भाई का फोन आया। बोले, 'बहन यहां आ गयी है। उसकी तबीयत ठीक नहीं है। अनमने जी ने रात भर कविता सुना कर उसकी तबीयत बिगाड़ दी है। आगे के लिए उनसे बात करने के बाद ही बहन को भेजेंगे। हमने बहन को कविता सुनने के लिए नहीं ब्याहा है।'

तब से 'अनमने' जी बहुत दुखी हैं। पत्नी को अपनी कविता का स्थायी श्रोता बनाने का उनका प्लान खटाई में पड़ता नज़र आ रहा है।

गांधी बाबा का रास्ता

गांधी मैदान में गहमागहमी है। छात्रों का झुंड चार पांच दिन से धरने पर बैठा है, लेकिन कोई सुनवाई नहीं हो रही है। छात्र हंगामा नहीं करते, बस बैठे बैठे नारे लगाते रहते हैं या रामधुन गाते हैं। हाथों में अपनी मांगों के प्लेकार्ड लिये हैं।

छात्रों की शिकायतें अनेक हैं। बार-बार नौकरी की परीक्षा के पेपर लीक होते हैं, पद खाली होने पर भी अनेक वर्षों तक वे विज्ञापित नहीं होते। भ्रष्टाचार और भाई-भतीजावाद का बोलबाला है। ज़्यादा हंगामा करने पर शासन की लाठी चलने लगती है। हाथ-पांव टूटने और जेल जाने की नौबत आ जाती है। इसीलिए छात्र शान्तिपूर्वक धरना दे रहे हैं।

तीस चालीस पुलिसवाले उन पर नज़र रखे शेड में बैठे हैं। वे परेशान हैं। कब तक इन पर नज़र रखें? किसी तरह समस्या का निपटारा हो और धरना टूटे। शेड के नीचे बैठे बैठे झपकियां लेते हैं। छात्रों पर गुस्सा आता है। पता नहीं कब तक यहां फंसे रहेंगे।

दो तीन परेशान पुलिसवाले छात्रों के पास आकर खड़े हो गये हैं। एक कहता है, 'यह कौन सा तरीका है? कुछ उपद्रव करो तो सुनवाई हो। वो एक शायर ने लिखा है, एक पत्थर तो तबीयत से उछालो यारो। ऐसे बैठे रहने से क्या फायदा?'

छात्र जवाब देता है, 'हम गांधी के शान्तिपूर्ण विरोध और अहिंसा के रास्ते पर चल रहे हैं।'

पुलिसवाला कहता है, 'गांधी जी यही सब ऊटपटांग बातें सिखा गये हैं। ऐसे बैठे रहने से कोई नहीं सुनने वाला। खुद भगवान राम कह गये हैं कि बिना भय पैदा किये प्रीत नहीं होती। कुछ हल्ला- गुल्ला करो तो बड़ों के कान तक बात पहुंचे।'

छात्र कहता है, 'हम सब समझते हैं। तुम चाहते हो कि हम उपद्रव करें और तुम्हें लाठी भांज कर हमें खदेड़ने का मौका मिले। हम तुम्हारे जाल में नहीं फंसने वाले।'

पुलिसवाले मुंह बनाये वहां से विदा हो गये।

दो-तीन दिन और ऐसे ही निकल गये। पुलिसवालों का धैर्य चुकने लगा। अचानक एक रात एक समूह कहीं से प्रकट हुआ और पुलिस की तरफ पत्थरबाज़ी शुरू हो गयी। पुलिस तत्काल हरकत में आयी और वॉकी-टॉकी पर फटाफट संदेशों का आदान-प्रदान होने लगा। पत्थर फेंकने वालों का समूह रहस्यमय ढंग से ग़ायब हो गया।

ऊपर से आदेश मिलते ही पुलिस वाले लाठियां लेकर छात्रों की तरफ दौड़े और जल्दी ही वहां अफरातफरी मच गयी। छात्रों को दूर तक खदेड़ दिया गया और मैदान खाली हो गया।

छात्रों से बात करने वाले पुलिसवाले अब आपस में वार्तालाप कर रहे थे--- 'हमने समझाया था, लेकिन समझ में नहीं आया। अब गांधी बाबा के रास्ते पर चलना है तो गांधी बाबा की तरह भोगो।'

भाई हिम्मतलाल का संकट

भाई हिम्मतलाल ने लंबी उम्र भोगने के बाद एक दिन दुनिया को अलविदा कह दिया। उनकी आत्मा शरीर को छोड़कर सीधे दूसरे लोक को उड़ गयी।

आत्मा या रूह या 'सोल' के संबंध में खास बात यह है कि वह जीव के जन्म के समय से ही उच्चतम टेक्नॉलॉजी से युक्त रही है। आज के वैज्ञानिक अपनी उपलब्धियों की जो भी डींग मारें, आत्मा शरीर से अलग होते ही बिना किसी गाइडिंग मेकैनिज़्म और बिना किसी प्रोपेलर के उड़कर पृथ्वी के गुरुत्वाकर्षण को पार कर लेती है और मृतक के धर्म के अनुसार स्वर्ग,जन्नत या हैविन में पहुंच जाती है। आज के वैज्ञानिक अभी तक इस तरह का करिश्मा नहीं कर पाये हैं। आत्मा की इस विलक्षण क्षमता पर कोई शोध क्यों नहीं हुआ, यह ताज्जुब की बात है। ताज्जुब यह भी है कि वैज्ञानिकों ने सारे ग्रह खोज लिये, लेकिन वे आज तक यह पता नहीं लगा सके कि स्वर्ग,जन्नत या हैविन कहां स्थित है। ग़नीमत है कि इन में आदमी का भरोसा अब भी कायम है। बहुत से तो स्वर्ग या जन्नत की उम्मीद में ही जिल्लत भरी ज़िन्दगी काट लेते हैं।

तो भाई हिम्मतलाल की आत्मा ने जो उड़ान भरी तो सीधे एक विशाल गेट के सामने ब्रेक लगाया। हिम्मतलाल ने देखा, गेट के ऊपर अजनबी भाषा में कुछ लिखा था। सामने तीन-चार बन्दे खड़े थे। उनमें से एक ने झुक कर

हिम्मत भाई को सलाम किया। बोला, 'ख़ुशामदीद। तशरीफ़ लाइए।'

भाई हिम्मतलाल चक्कर में पड़ गये।पूछा, 'यह कौन सी जगह है भाई?'

बन्दा बोला, 'यह जन्नत और दोज़ख का दरवाज़ा है। तशरीफ़ लाइए।'

हिम्मतलाल को झटका लगा,बोले,' अरे भैया, हम दूसरे धरम के हैं। हम स्वर्ग या नरक में जाएंगे। लगता है हमारी आत्मा का सिस्टम गड़बड़ हो गया।'

बन्दा बोला, 'नहीं हुज़ूर, ऐसा होना मुमकिन नहीं है। आप पांच मिनट यहीं तशरीफ़ रखिए। मैं दरयाफ़्त करके आता हूं।'

भाई हिम्मतलाल धड़कते दिल से वहीं बैठे रहे। थोड़ी देर में बन्दा वापस आ गया, बोला, 'जनाब, मैंने आपका रिकॉर्ड चेक कर लिया है। आप सही जगह आये हैं। यहीं आपके कामों का हिसाब-किताब होगा।'

भाई हिम्मतलाल बोले, 'अरे भाई, मेरा धरम दूसरा है। दूसरे धरम में ही पूरी जिन्दगी बसर की है। दूसरे धरम के हिसाब से ही शरीर का क्रिया-कर्म हुआ है। आप कैसी बातें करते हैं?'

बन्दा हंसकर बोला, 'जनाब, आप भूल जाते हैं कि आपने पहली बीवी के रहते हमारा मज़हब अख़्तियार करके दूसरी शादी की थी, और उसके बाद आपने अपने पुराने मज़हब में लौटने की कोई कोशिश नहीं की।'

सुनकर हिम्मत भाई जैसे आसमान से गिरे। रिरियाकर बोले, 'अरे भैया, पुराने धरम में कैसे लौटते? वहां पहली बीवी के रहते दूसरी शादी की इजाज़त नहीं है। वह दरवाज़ा तो अपने लिए बन्द हो गया था।'

बन्दा बोला, 'अब तो आप समझ गये होंगे कि आपको यहां क्यों लाया गया है। आप हैसियतदार आदमी थे, इसलिए वहां घालमेल चल गया होगा। यहां दूध का दूध और पानी का पानी होगा। आप दोनों हाथों में लड्डू रखना चाहते थे।'

हिम्मत भाई दुखी होकर बोले, 'तो अब मेरा क्या होगा?'

बन्दा बोला, 'मेरे ख़याल से तो आपको दोज़ख में जाना पड़ेगा क्योंकि आपके रिकॉर्ड में लिखा है कि आपने अपनी पहली नेकबख़्त बीवी पर ख़ूब ज़ुल्म किये। उनके जज़्बात से खिलवाड़ किया। इसकी सज़ा तो आपको मिलेगी।'

हिम्मत भाई निरुत्तर होकर माथा पकड़ कर बैठ गये।

बेज़ुबानों की फ़रियाद

दिल्ली के जंतर मंतर मैदान पर एक सवेरे अचानक बकरे और मुर्गे इकट्ठे होने लगे। देखते-देखते सारा मैदान बकरों और मुर्गों से भर गया। सब तरफ बकरों के मिमियाने और मुर्गों की बांग का शोर गूंज रहा था। उनके आगे दो व्यक्ति थे जो बकरों-मुर्गों के प्रवक्ता थे। बड़ी मुश्किल से दो शुद्ध शाकाहारी सज्जनों को ढूंढ़ कर यह काम सौंपा गया था। विशेष बात यह थी कि ये दोनों बकरों-मुर्गों की भाषा समझते थे।

बकरों-मुर्गों के प्रवक्ताओं का कहना था कि कुत्तों की रक्षा के मामले की तो सुप्रीम कोर्ट में सुनवाई हो गयी, लेकिन बकरों-मुर्गों के दुख को सुनने के लिए आज तक कोई पंचायत तक नहीं बैठी। यह सरासर बेइंसाफ़ी है। उन्होंने बताया कि इस सभा के लिए भैंसें और मछलियां भी आना चाहती थीं, लेकिन भैंसों को उनके तबेले वालों ने छोड़ा नहीं और मछलियां इतनी दूर तक घिसट कर नहीं आ सकतीं।

प्रवक्ताओं ने कहा कि कुत्तों को तो सिर्फ अलग बाड़े में रखने की बात पर इतना हो-हल्ला हुआ, लेकिन बकरों, मुर्गों और मछलियों को बेदर्दी से मार कर खा लिया जाता है, उनकी सुनने वाला कोई नहीं। यह काम धर्म के नाम पर भी हो रहा है, जो समझ पाना मुश्किल है। आदमी को यह खुशफ़हमी है कि बकरों की जान लेने से उसे पुण्य या सवाब प्राप्त होता है। क्या बकरों मुर्गों को बनाने वाला कोई दूसरा है? बकरों-मुर्गों का कहना है कि भगवान का

एक मुख्य अवतार मत्स्यावतार है, फिर भी मछलियों को बख्शा नहीं जाता।

देहातों में अब भी बकरियों का दूध आदमी के पोषण में काम आता है। गांधी बाबा बकरी का दूध ही पीते थे। मुर्गी के अंडे पूरी दुनिया में स्वास्थ्यवर्धक माने जाते हैं, फिर भी आदमी अपने स्वाद के लिए इन्हें मारने में एक पल भी नहीं सोचता। बहस सिर्फ इस बात पर होती है कि हमें झटके से मारा जाए या हलाल से। यानी जन्म लेते ही हमारा भाग्य और भविष्य आदमी की मुट्ठी में कैद हो जाता है। भैंसों का दूध बेचकर दुनिया के व्यापारी मोटा मुनाफा कमाते हैं, लेकिन उन्हीं भैंसों को 'बीफ़' के रूप में बेचने के पहले कोई विचार नहीं होता।

गाय को आदमी अपनी माता मानता है, लेकिन गोमूत्र और गोबर बेचकर मुनाफा कमाया जाता है। गाय के दूध और घी से भी मोटा मुनाफा मिलता है, लेकिन मुनाफे का कितना हिस्सा गाय की देखभाल पर खर्च होता है यह जांच का विषय है। यह बात भी विचार योग्य है कि कोई बेटा अपनी मां के शरीर से पैदा होने वाले दूध और घी को बेचकर मुनाफा कैसे कमा सकता है?

बकरों-मुर्गों का तर्क है कि जब आदमी गुफाओं में रहता था तब उसके पास खाने को कुछ नहीं था। तब वह जंगली जानवरों को मार कर पेट भरता था। लेकिन अब तो उसके पास छप्पन व्यंजन हैं, फिर पशुओं-चिड़ियों पर ज़ुल्म क्यों? बकरे-मुर्गे न कुत्तों की तरह भौंकते हैं, न किसी को काटते हैं, फिर भी ज़ुल्म का शिकार होते हैं। बकरों की हालत पर समाज में मुहावरे चल पड़े हैं--- 'बलि का बकरा' और 'बकरे की मां कब तक खैर मनाएगी?'

बकरों का कहना है कि जंगल के जानवरों और पक्षियों की रक्षा के लिए देश में कानून बन गया है। जो पशु इंसानों को नुकसान पहुंचाते हैं वे भी संरक्षित हो गये हैं। शिकार पर रोक लग गयी है। बंदरों, भालुओं , सांपों, घोड़ों पर अत्याचार दंडनीय हो गया। यहां तक कि कई पौधों के संरक्षण के लिए कानून बन गया है। बकरे-मुर्गे किसी को नुकसान नहीं पहुंचाते, लेकिन उनका पुरसाने-हाल कोई नहीं है।

उनका यह भी कहना है कि आदमी अपने को अहिंसक और शांतिप्रिय कहता है, लेकिन वह जिस तरह निरीह पशु-पक्षियों को मारता और खाता है उसे देखकर इस बात को हज़म कैसे किया जा सकता है?

बकरों के अनुसार मनुष्य का कुछ व्यवहार विचित्र है। जब कोई इंसान मरता है तो उसके शव को जल्दी से जल्दी घर से बाहर करने की कोशिश होती है। घर में मनहूसी छा जाती है। सूतक लग जाता है। घर अपवित्र हो जाता है, जिसे दस दिन बाद विधि-विधान से शुद्ध किया जाता है। लेकिन पशु के मांस को तत्काल खुशी-खुशी किचिन में ले जाया जाता है और ज़रूरत पड़ने पर दो-चार दिन तक फ्रिज में सहेजा जाता है। तब घर अपवित्र नहीं होता।

बकरों ने अफसोस ज़ाहिर किया कि कुत्तों की बाड़ाबंदी पर कई श्वान-प्रेमी आंसू बहाते दिखे, लेकिन बकरों-मुर्गों की किस्मत पर आंसू बहाने वाला कभी कोई नज़र नहीं आया। यह विडंबना है कि जो कुत्तों के लिए आंसू बहाते हैं वे बिना कोई आंसू बहाये बकरों-मुर्गों का मांस कुत्तों को खिलाते हैं।

बिल्ली और छींका

रौनक भाई को खुशी के मारे रात भर नींद नहीं आयी। रात भर भगवान को धन्यवाद देते रहे। रात को ग्यारह बजे तक बधाई के फोन आते रहे। बिल्ली के भाग्य से छींका टूटा है।

सवेरे छः बजे से ही फोन फिर बजने लगा। बधाइयों का तांता लग गया। फिर आठ बजे से पार्टी के लोग बधाई देने के लिए आने लगे। देखते देखते रौनक भाई का लॉन लोगों से भर गया। कुछ लोग मिठाई का डिब्बा लेकर आये थे।

दरअसल पिछली शाम रौनक भाई के विरोधी दल की एक चुनाव सभा हुई थी, जिसमें एक छुटभइये ने अपनी पार्टी के प्रति ख़ैरख्वाही दिखाने के चक्कर में रौनक भाई का नाम लेकर उन्हें 'सुअर' कह दिया था। तभी से राजनीतिक वातावरण गर्म हो गया था और रौनक भाई की पार्टी के लोग विरोधियों को नाना प्रकार के विशेषणों से नवाज़ने में लग गये थे।

रौनक भाई आपदा को अवसर में बदलने के पुराने खिलाड़ी थे। उन्होंने मौके को लपक लिया। तत्काल गालीबाज़ के सैकड़ों वीडियो वायरल हो गये। रौनक भाई का वीडियो भी वायरल हुआ जिसमें वे सन्त की मुद्रा में कह रहे थे कि यह अपमान उनका नहीं, देश के एक सौ चालीस करोड़ लोगों का है। जनता विरोधियों की इस बदज़बानी को कभी माफ नहीं करेगी और उसका जवाब वोट के मार्फत देगी।

पिछली शाम से रौनक भाई गद्‌गद थे। विरोधियों ने अचानक ही 'सेल्फ गोल' कर लिया था। रौनक भाई को पक्का भरोसा हो गया था कि इस गाली की बदौलत अगले चुनाव में उनके वोटों में कम से कम लाख डेढ़-लाख का इज़ाफा हो जाएगा। यह गाली विरोधियों को बहुत मंहगी पड़ेगी। उन्हें पता चला था कि विरोधियों में से कई अब पछता रहे थे, लेकिन अब पछताए होत का? तीर कमान से निकल चुका था।

रौनक भाई ने कई बार लॉन में इकट्‌ठी भीड़ को संबोधित किया। उन्होंने कहा, 'कल भगवान ने हमें वरदान दिया है। यह गाली हमारे लिए वरदान ही साबित होने वाली है। गाली का हम कोई जवाब नहीं देंगे। जवाब जनता देगी। हम तो 'जो तोकू कांटा बुवै, ताहि बोउ तू फूल' वाले सिद्‌धांत पर चलेंगे। गाली का जवाब गाली में देने से सब गड़बड़ हो सकता है। सावधानी हटी, दुर्घटना घटी। हम तो कल से आन्दोलन करेंगे और जनता के दिमाग में ठोक ठोक कर भरेंगे कि हमें गाली दी गयी है, जिसे क्षमा नहीं किया जा सकता।

'दूसरी बात यह कि भगवान का एक अवतार वराह अवतार है। इस तरह विरोधियों ने सुअर कह कर मुझे भगवान का अवतार बना दिया है। इसलिए मैं तो अपमानित से ज़्यादा सम्मानित महसूस कर रहा हूं। लेकिन मौके की नज़ाकत को देखते हुए आप लोग कल से सड़कों पर उतरें और जनता को बताएं कि हमारे विरोधी कितनी घटिया मानसिकता के लोग हैं। राजनीति में मौके का फायदा उठाने से चूकना बेवकूफी होती है। तो उठिए और काम पर

लग जाइए। अब एक मिनट भी ज़ाया करना गुनाह होगा।'

पार्टी के एक सयाने बोले, 'गाली दी है तो मानहानि का दावा होना चाहिए।'

रौनक भाई ने जवाब दिया, 'ज़रूर होगा, लेकिन पहले अच्छी तरह से 'विक्टिम कार्ड' खेलना ज़रूरी है। जनता के मन में हमारी 'इंसल्ट' की बात पैठनी चाहिए।'

धूल भरा हीरा

रज्जू भाई बहुत दिन तक ठलुआगीरी करते रहे। पढ़ाई-लिखाई में रुचि रही नहीं, किसी तरह रो-झींक कर थर्ड डिवीज़न में बी.ए. पास कर लिया, फिर घर में बैठ गये। सवेरे दस ग्यारह बजे तक मुंह ढंक कर सोते, फिर उठकर चौराहे की तरफ निकल जाते। पान की दूकान पर परिचितों से बतयाते एक-दो घंटे निकल जाते। लौट कर दोपहर के भोजन के बाद फिर दो घंटे की निद्रा। फिर शाम को बाज़ार का एक चक्कर। घर में कोई उनसे मिलने आता तो पिताजी हाथ उठाकर कह देते, 'वो पड़े हैं मरे।' घर में रज्जू की कोई पूछ-कदर नहीं थी। कभी पिताजी से कपड़ों-जूतों के लिए पैसे मांगते तो पिताजी दुर्वासा का रूप धारण कर उन्हें 'नाकिस', 'नालायक', 'नाकारा' जैसे नायाब विशेषणों से विभूषित करना शुरू कर देते। कुल मिलाकर रज्जू भाई बेहयाई की रोटी तोड़ रहे थे।

उनकी किस्मत उनके दोस्त धीरू की सलाह पर पलटी। उसने बताया कि नगर के विधायक चमन भाई अपने चुनाव प्रचार के लिए लड़कों को खरीद रहे हैं। करीब एक महीने का काम, मेहनताना दस हज़ार रुपये। नाश्ता भोजन अलग। बताया कि सौदा फायदे का है। उस समेत आठ दस लड़के बिक चुके हैं। रज्जू बिकने के लिए राज़ी हो गये। चमन भाई के सामने पेश हो गये।काम समझा दिया गया। तुरत काम पर लगने की हिदायत दी गयी।

रज्जू और दूसरे लड़कों की मेहनत के फलस्वरुप चमन भाई जीत गये और रज्जू उनकी नज़र में चढ़ गये। अब रज्जू रोज़ सवेरे जल्दी उठकर चमन भाई के दरवाज़े पर हाज़िरी देने लगे। दिन भर वहीं दौड़-भाग में लगे रहते। उनके परिवार की सेवा भी करते रहते। वे चमन भाई के विश्वासपात्र बन गये थे। चमन भाई किसी कार्यक्रम में जाते तो रज्जू को ड्राइवर के बगल में बैठा कर ले जाते। रज्जू भी घूम घूम कर लोगों को जताते कि वे चमन भाई के दाहिने हाथ होने का दर्जा प्राप्त कर चुके हैं। चमन भाई के मित्र-परिचित और पार्टी के लोग भी रज्जू को जानने लगे। रज्जू ने अपने स्कूटर पर सामने 'विधायक प्रतिनिधि' लिखवा लिया। अब जो लोग चमन भाई के बंगले पर किसी काम से आते, वे रज्जू भाई की जेब में सौ, दो सौ रुपये खोंस जाते।

कुछ दिन बाद रज्जू चमन भाई के बंगले के बाहर दफ्तर में, एक तरह से उनके सचिव बनकर, बैठने लगे। सब आने वाले पहले उन्हीं के पास आकर सलाम बजाते, फिर रज्जू चमन भाई से उनकी मुलाकात का जुगाड़ बैठाते।

रज्जू बाबू की हैसियत और कमाई में बराबर इज़ाफा होता गया। अब वे पार्टी में कुछ ऊंचा हासिल करने का ख्वाब देखने लगे थे। नगर में उनके फोन पर अधिकारी ध्यान देने लगे थे। दफ्तरों में घुसते ही उन्हें कुर्सी और सैल्यूट मिलने लगी थी। छोटे-मोटे अफसरों को रज्जू बाबू डांट पिला देते थे और अफसर चुपचाप सुन भी लेते थे।

अब घर में भी रज्जू बाबू का रोब- दाब बढ़ गया था। अब वे टाइम से सोते और अलार्म लगा कर टाइम से उठते। घर का कोई काम अटकता तो रज्जू के लिए पुकार लगती और

रज्जू तुरत फोन उठाते। अब वे 'काम' के आदमी हो गये थे। अब घर में कोई उनसे मिलने आता तो पिताजी बहुत प्रेम और मुलायमियत से कहते, 'उधर बैठे हैं। जाइए, मिल लीजिए।'

मानव शरीर के फालतू अंग

कुछ दिनों से ख़बर गर्म थी कि बाबा जी ने परलोक के साथ 'हॉटलाइन' स्थापित कर ली है और देवताओं से उनकी रोज़ बातचीत होती है। उनका कहना है कि चित्रगुप्त जी से उनका हंसी- मज़ाक भी हो जाता है और अगर कोई भक्त चाहे तो वे स्वर्ग में 'रिज़र्वेशन' के लिए उसकी सिफारिश कर सकते हैं।

ऊपर वालों के साथ बाबा के रसूख के बारे में सुनकर उनके दरबार में भक्तों की संख्या दिन दूनी रात चौगुनी बढ़ रही थी। इसी क्रम में एक दिन पांच छः लोग कुछ शिकायतें और सुझाव लेकर बाबा के दरबार में हाज़िर हुए। वे बाबा के मार्फत अपनी शिकायतें और सुझाव ऊपर पहुंचाने की मुराद लेकर आये थे।

समूह के लोगों ने बाबा को बताया कि वे देश की एक बड़ी संख्या की भावनाएं लेकर आये हैं। उन्होंने कहा कि देश के बहुत से लोग इस बात को लेकर व्यथित हैं कि आदमी को जन्म के समय अनेक ऐसे अंग दे दिये जाते हैं जिनका उसके जीवन में कोई उपयोग नहीं होता। इस तरह बहुमूल्य कच्चा माल 'वेस्ट' होता है, उसका दुरुपयोग होता है। लोगों की भावना है कि अगर उपयोग में न आने वाले अंगों की पूर्ति सीमित कर दी जाए तो बड़ी बचत हो सकती है। अंग उन्हीं को दिये जाएं जिन्हें उनकी ज़रूरत है।

समूह की बात सुनकर बाबा विस्मित हुए। पूछा कि कौन से अंग आदमी के लिए फालतू हैं। समूह के लोगों ने बाबा को बताया कि बहुत से लोगों को अपने दिमाग का इस्तेमाल करने की ज़रूरत नहीं होती। पॉलिटिक्स में यही हो रहा है। जहां पार्टी कहे वहीं हाथ उठाना पड़ता है। ऐसा ही कई संगठनों में भी होता है। वहां भी अनुयायियों को अपना दिमाग अलमारी में रख देना होता है। धर्मगुरुओं के शिष्यों को भी अपने दिमाग के इस्तेमाल की मुमानियत होती है। 'महाजनो येन गतः स पंथाः' का सिद्धान्त चलता है। गुरू जो रास्ता दिखाये उसी पर चलो।

वही बात आंखों पर भी लागू होती है। पहले बताये गये सभी संगठनों में छुटभैये या अनुयायी को नेता या गुरू की आंखों से ही देखना पड़ता है। इसलिए अपनी आंखें फालतू हो जाती हैं।

समूह ने बाबा जी को बताया कि एक और अंग जो फालतू और असुविधाजनक साबित हुआ है आदमी की रीढ़ है। राजनीति समेत सभी संगठनों में रीढ़ बड़ी अड़चन पैदा करती है। समूह ने बताया कि बहुत से लोगों ने उन्हें जानकारी दी कि किसी बड़के आदमी के सामने झुकते वक्त उनकी रीढ़ उनके आड़े आ गयी और उन्हें शर्मिन्दगी उठानी पड़ी। लोगों का मत है कि वैसे भी रीढ़ शरीर में छिपी रहती है, इसलिए उसे आसानी से हटाया जा सकता है।

समूह ने बताया कि एक और अड़चन पैदा करने वाली चीज़ अंतरात्मा या ज़मीर है जो शरीर में पता नहीं कहां रहती है, लेकिन आदमी जब भी कोई दो नंबर का काम करना चाहता है आत्मा उसे कोंचने लगती है। कुछ लोग

अंतरात्मा को सुलाने में सफल होते हैं, लेकिन कई लोग आत्मा के द्वारा बार-बार कोंचे जाने से परेशान रहते हैं। कई लोग आत्मा के कोंचने से परेशान होकर आत्महत्या की सोचने लगते हैं। इसलिए अंतरात्मा नाम की चीज़ से मुक्ति ज़रूरी है।

समूह ने बाबा जी को बताया कि बहुत से लोग इन अंगों से तो मुक्त होना चाहते हैं, लेकिन वे एक अंग की वापसी भी चाहते हैं। लोगों का कहना है कि वानर की औलाद होने के कारण कभी मनुष्य के भी दुम थी, लेकिन वह कालांतर में झड़ गयी। शायद पहले का आदमी ख़ुद्दार रहा होगा, इसलिए उसे दुम हिलाने की ज़रूरत नहीं पड़ती होगी और इसीलिए वह धीरे-धीरे गायब हो गयी। लेकिन अब आदमी को एक अदद दुम की सख्त ज़रूरत है क्योंकि जो काम खुशामद के दस जुमलों से नहीं होता वह एक बार दुम हिलाने से हो जाता है। इसलिए ज़रूरतमंद लोगों के लिए तत्काल दुम की व्यवस्था करके उन्हें राहत दी जाए।

अन्त में एक और बात समूह ने बाबा को बतायी कि कुछ लोग चाहते हैं कि उनकी ज़बान बीच से काट दी जाए, जैसी सांप या मेंढक की होती है, जिसे अंग्रेजी में 'फ़ोर्क्ड टंग' कहते हैं। इससे उन्हें एक ही समय दो तरह की बात कहने में आसानी होगी। यह राजनीतिज्ञों के लिए बड़े काम की सिद्ध होगी।

बाबा ने समूह की बात सुनकर उन्हें आश्वस्त किया कि उनकी भावनाएं बाबा की सिफारिश के साथ वायु-वेग से ऊपर पहुंचा दी जाएंगीं। समूह बाबा के चरणों में पर्याप्त दक्षिणा अर्पित कर विदा हुआ।

'रूट्स' की खोज-खबर

संतोष भाई आठ दस साल से 'स्टेट्स' में बस गये हैं। बच्चे भी अब आठ दस साल के हो गये हैं। बड़ी बेटी है और छोटा बेटा। संतोष भाई के गांव में अभी मां-बाप और अन्य रिश्तेदार हैं। तीन चार साल पहले वे अकेले गांव गये थे। अमेरिका के घर में मां-बाप, चाचाओं-चाचियों और गांव के घर की फोटो टंगी है। कई बार उन्हें हसरत से देख लेते हैं, लेकिन इंडिया वापस लौटने की नहीं सोचते।

लेकिन कुछ दिनों से संतोष भाई के मन में यह बात बार-बार आ रही है कि बच्चे बड़े हो गये, उन्हें अपनी 'रूट्स' से परिचित कराना चाहिए। उन्हें पता होना चाहिए कि उनके 'एंसेस्टर्स' कहां से आये थे, वे कैसे रहते थे, इंडिया का गांव कैसा होता है, वगैरः-वगैरः। बेटी सयानी हो रही है, कहीं कल के दिन डेटिंग वेटिंग के चक्कर में न पड़ जाए, इसलिए इंडियन कल्चर की जानकारी देना ज़रूरी है। जब से संतोष भाई के दिमाग में ये बातें आयी हैं तब से वे 'टु द रूट्स', 'टु द रूट्स' बुदबुदाते रहते हैं।

संतोष भाई करीब एक महीने का प्लान बनाकर पांच छः दिन के लिए अपने गांव आ गये। दोनों बच्चे और पत्नी, रेखा, साथ हैं। गांव से ससुराल जाएंगे, फिर घूमने के लिए शिमला मसूरी।

मां बाप पोते-पोती को देखकर खुश हुए। गांव से और रिश्तेदार-परिचित जुटने लगे। गांव की दीदियां, चाचियां,

बुआएं आने लगीं। घर में भीड़ होने लगी। महिलाएं बच्चों को लिपटाने चिपटाने की कोशिश करतीं तो रेखा की नाक सिकुड़ती। 'इनफेक्शन' का डर लगता। यहां कोई ढंग का डॉक्टर भी नहीं मिलेगा।

गांव में बहुत तब्दीली हो गयी। संतोष भाई के बचपन में रोशनी के नाम पर लालटेनें और लैम्प थे, पानी कुएं से आता था, रसोई के लिए चूल्हा था, खेती के लिए हल और परिवहन के लिए बैलगाड़ी थी, लोग कम पढ़े-लिखे और सीधे-सादे थे और सब तरफ सादगी और मजबूरी का आलम था। कारों के दर्शन कभी-कभी रसूखदारों की कृपा से होते थे। अब सब घरों में बिजली और नल थे, रसोई के लिए गैस थी, खेती- परिवहन के लिए ट्रैक्टर आ गये थे, लोग शिक्षित और चतुर हो गये थे और जीवन में चमक आ गयी थी। पहले लड़कियां संकोच में सिकुड़ीं घर में रहती थीं, अब वे पूरे आत्मविश्वास से मोबाइल और लैपटॉप पर काम करती दिखायी पड़ती थीं। कई घरों के दुआरे पर कारें देखी जा सकती थीं। कभी गांव में सिर्फ वैद्य का एक घर था जिसकी सेवा बड़े लोगों को ही मयस्सर होती थी, बाकी जनता रामभरोसे थी। अब सरकारी डॉक्टर के अलावा प्राइवेट डॉक्टर भी थे। सरकारी स्कूलों के अलावा प्राइवेट स्कूल भी पहुंच गये थे। गांव में ज़रूरी सुविधाएं पैदा हो गयी थीं।

लेकिन संतोष भाई को बच्चों को उनकी 'रूट्स' से रूबरू कराना है। वे घर के टांड़ में पुरानी चीज़ों को खंगालने में लगे हैं। पुरानी चीज़ों का ढेर लग रहा है। मिट्टी मंगवा कर चूल्हा बन रहा है। जलाने के लिए सूखी टहनियां मंगा ली गयी हैं। टांड़ पर एक टूटी चिमनी वाली लालटेन मिल

गयी है। संतोष भाई उसे पोंछ-पांछ कर जलाते हैं। बच्चे देखकर कौतूहल से ताली बजाते हैं। दादी चूल्हा जलाती है, बच्चे धुएं की मार से बचने के लिए दूर खड़े होते हैं। रेखा हाथ नहीं लगाती, जलने का डर है।

टांड़ में हाथ से झलने वाला पंखा भी मिल जाता है। संतोष भाई बताते हैं कि पुराने ज़माने का 'फ़ैन' यही है। इसी के सहारे गर्मी कटती थी। बच्चे ताज्जुब से उस अजूबे को देखते हैं। संतोष भाई घुमा घुमा कर उसका प्रदर्शन करते हैं। बताते हैं कि उसे 'बिजना' कहा जाता था।

सवेरे दही बिलोने के लिए मथानी चलती है। दादी बच्चों को दिखाने के लिए रस्सी से खींचकर मथानी चलाती हैं। मक्खन या 'नैनूं' निकाला जाता है। बच्चे भी एक दो बार खींचा- खांची करते हैं। मज़ा आता है। फिर मां बरजती है। रस्सी से हाथ कटने का डर है।

संतोष भाई बच्चों को घर के सामने मीठे पानी के कुएं पर ले जाते हैं। गांव में मीठे पानी के दो-तीन कुएं ही हैं। कुएं पर मोटी रस्सी और उसमें बंधी बाल्टी पड़ी है। संतोष भाई वीरता दिखाने के लिए बाल्टी को कुएं में लटका देते हैं। कुआं गहरा है। संतोष भाई भरी बाल्टी खींचते हैं। आधी दूर तक खींचते खींचते उनकी हालत खराब हो जाती है। हांफी चढ़ जाती है। मुश्किल से बाल्टी को जगत तक पहुंचाते हैं, फिर कमर पर हाथ रखकर लंबी सांसें लेने लगते हैं। रेखा नाराज़ होकर बुदबुदाती है---'सिली।'

अगले सवेरे एक बैलगाड़ी दरवाज़े आ लगी। 'द चिल्ड्रेन विल गो फॉर अ राइड। इट विल बी अ नेसेसरी एक्सपीरिएंस।' बच्चे बैलों को देखकर 'काउ काउ'

चिल्लाने लगे। उन्हें बताया गया कि वे 'काउ' नहीं, 'ऑक्स' थे। गाड़ी में मोटा कालीन बिछाया गया ताकि झटके कम से कम लगें। गाड़ी चली तो हर गढ़्ढे पर उछलने पर बच्चे 'ओह' 'आह' करते। पहले तो उन्हें मज़ा आया, फिर उनका मुंह बिगड़ने लगा। रेखा परेशान होने लगी। ज़्यादा उछलने पर छोटी-मोटी चोट लगने का ख़तरा था। लाचार संतोष भाई ने आधे घंटे में ही गाड़ी वापस मुड़वा ली।

तीन दिन में संतोष भाई ने अपनी 'रूट्स' को काफी खंगाल लिया है। अब वे संतोष के साथ 'स्टेट्स' लौट सकते हैं। 'वी हैव नॉट फॉरगॉटेन अवर रूट्स। अपनी रूट्स को भूलना नहीं है। वी आर प्राउड ऑफ़ देम। सैल्यूट टु अवर मदरलैंड। सैल्यूट टु इंडिया।'

बहती गंगा में हाथ धोने वाले

देशभक्त कई किसिम के होते हैं। पहली किस्म के देशभक्त वे होते हैं जिनके दिल में देशभक्ति स्वाभाविक रूप से पैवस्त रहती है। उन्हें उसे याद नहीं करना पड़ता, न ही उसे बार-बार जगाना पड़ता है। वे अंग्रेज़ी कहावत के अनुसार अपनी देशभक्ति अपनी आस्तीन पर टांग कर प्रदर्शित नहीं करते।

दूसरी तरह के लोग वे होते हैं जिनकी देशभक्ति तभी जागती है जब देशभक्ति दिखाने से कुछ प्राप्ति की संभावना होती है। सूखी देशभक्ति से क्या फायदा? ऐसे ही लोग देशभक्ति के प्रदर्शन के लिए सड़कों पर उतरते हैं, देशभक्ति के नाम पर बवाल काटने को तैयार रहते हैं। ऐसे देशभक्त असली देशभक्तों का जीना मुहाल किये रहते हैं।

एक किस्म की देशभक्ति राजनीतिज्ञों की होती है। ये देश की सेवा के नाम पर बार-बार दल बदलते हैं। याद रखना मुश्किल होता है कि वे कौन-कौन से घाट का पानी पीकर आये हैं। कइयों को खुद भी याद नहीं होगा कि उन्होंने कितनी पार्टियां बदली हैं। सब कुछ देश की सेवा की दुहाई देकर होता है। देश की सेवा के लिए ये बेचारे अपने उसूल तृणवत त्याग देते हैं, ज़बान बदल देते हैं, अंतरात्मा का गला घोंट देते हैं।

बहुत से लोगों की देशभक्ति मौसम के हिसाब से बदलती है। सत्ता बदलने के साथ सत्ता की नीतियां बदलती हैं। बहुत

से होशियार लोग इन्हें पढ़ते और गुनते हैं, और फिर उनको दुहने के लिए देशभक्ति का झंडा लेकर मैदान में उतर आते हैं। बहुत से लेखक और फिल्मकार यही करते हैं। इनकी देशभक्ति लाभ की संभावना के हिसाब से बढ़ती घटती है। ये मौके पर चौका लगाने वाले चतुर लोग होते हैं। जब अटल जी प्रधानमंत्री थे तब उनकी कविताओं के बहुत से गायक और प्रशंसक पैदा हो गये थे। उनके पद से हटते ही ये गायक भी बिला गये। लालू यादव के एक प्रशंसक ने उन पर 'लालू चालीसा' लिखी थी। पुरस्कार-स्वरूप कवि जी राज्यसभा में सीट पा गये थे।

अभी चतुर लेखक सत्ता के ताकतवर लोगों पर पुस्तकें लिख रहे हैं और पर्याप्त प्रचार के साथ उनका विमोचन करा रहे हैं ताकि संदेश सही जगह पहुंच जाए और कृपा के द्वार खुल जाएं। राजाओं के ज़माने में यह काम भाट और चारण करते थे। कुछ फिल्मकार हैं जिन्हें सोते-सोते अचानक याद आता है कि देश में बहुत ज़ुल्म हुए हैं और उन पर किसी ज़िम्मेदार फिल्मकार ने फिल्म नहीं बनायी। सत्तर अस्सी साल पीछे तक दौड़ लगती है, पुराने कागज़-पत्र खंगाले जाते हैं, और साबित किया जाता है कि एक समुदाय ने दूसरे पर कितनी क्रूरता की है। नमक-मिर्च का भरपूर उपयोग होता है। भावनाओं की नदियां बहती हैं। कोशिश होती है कि उत्पीड़ित बताया गया समुदाय भीड़ों की शक्ल में सिनेमाघरों पर टूटे और सिनेमा- खिड़की पर चांदी बरसे। ऐसी फिल्मों को सत्ता का आशीर्वाद मिलता है, उन्हें मनोरंजन-कर से मुक्त किया जाता है। इसलिए खोज-खोज कर ऐसी घटनाओं पर फिल्में बनायी जा रही हैं।

यह मायने नहीं रखता कि इससे कितना आपसी सौहार्द्र बिगड़ता है, कितनी उत्तेजना फैलती है, कितना वैमनस्य होता है, आम आदमी की कितनी फजीहत होती है। फिल्मकार के लिए ये बातें निरर्थक होती हैं। वह 'मिशन मोड' में होता है। सच्चाई पर से पर्दा उठाना है, चाहे जो परिणाम हो। इस क्रम में गुज़रे वक्त के नेताओं को कठघरे में खड़ा किया जाता है, उनका मान-मर्दन होता है। नेताओं के लिए ये फिल्में लाभदायक होती हैं क्योंकि इनसे समुदायों में असुरक्षा की भावना बढ़ती है और वे गोलबंद होते हैं।

इन फिल्मकारों से पूछा जाता है कि वे दूसरे समुदाय के द्वारा किये गए ज़ुल्म और अन्याय पर फिल्म क्यों नहीं बनाते। जवाब मिलता है कि हर घटना पर फिल्म बनाने का ठेका हमीं ने नहीं ले रखा है। अन्य घटनाओं पर फिल्म अन्य फिल्मकारों को बनाना चाहिए। संदेश साफ है कि समझदार लोग वहीं हाथ डालेंगे जहां कुछ शहद मिलने की संभावना हो।

गनीमत यही है कि इस देश का आम आदमी शांतिप्रिय और धर्मनिरपेक्ष है और इसीलिए वह प्रोपेगंडा फिल्मों से प्रभावित नहीं होता। इन फिल्मों की कमाई के आंकड़ों से यह सिद्ध होता है। आम जनता को अच्छे कथानक और अच्छे अभिनय वाली फिल्में ही लुभाती हैं।

सत्ता के मिजाज़ के अनुसार रंग बदलने वाले और 'जैसी बहै बयार,पीठ तब तैसी दीजे' के सिद्धांत पर चलने वाले होशियार लोग हर युग में रहे हैं और हमेशा फलते-फूलते रहते हैं। डार्विन के सिद्धांत के अनुसार इनका 'सर्वाइवल' निश्चित है क्योंकि ये हर युग में 'फ़िटेस्ट' साबित होते हैं।

इसी सिलसिले में बता दूं कि एक समझदार कथावाचक ने, हवा का रुख़ भांपते हुए, ताजमहल को 'सफेद कब्रिस्तान' निरूपित कर दिया है। निश्चय ही इस विद्वत्तापूर्ण वक्तव्य से कथावाचक जी के भक्तों की संख्या में कुछ इज़ाफ़ा हो जाएगा।

समाज में बाहुबलियों की अहमियत

हाल ही में एक घटना ऐसी हुई जिसने बहुत भावुक कर दिया। बरेली में एक अभिनेत्री की बहन के घर पर एक बाहुबली के आदेश पर गोलियां चल गयीं। बाहुबली की नाराज़ी का कारण यह था कि अभिनेत्री की बहन ने एक कथावाचक के द्वारा स्त्रियों के विरुद्ध दिये गये बयान पर अपना रोष व्यक्त किया था। बाहुबली ने अभिनेत्री की बहन की टिप्पणी को सनातन का अपमान बताया था और उन्हें दंडित करने का निश्चय जताया था।बाहुबली ने यह भी चेतावनी दी कि सनातन का अपमान करने वाले किसी भी व्यक्ति को बख्शा नहीं जाएगा।

खबर सुनकर भावुकता से मेरा दिल भर आया। दो दिन तक कंठावरोध रहा। जहां सनातन के इतने बलशाली रक्षक हों वहां सनातन को हानि पहुंचाने की जुरअत भला कौन कर सकता है? अब सनातन पूर्णतया सुरक्षित है। हमारा संत समाज अब निश्चिन्त हो सकता है। अब सनातन को हल्के में लेने की मूर्खता भला कौन करेगा? 'जब जब होय धरम की हानी, बाढ़ैं असुर अधम अभिमानी; तब तब धरि प्रभु विविध शरीरा, हरहिं कृपानिधि सज्जन पीरा।' प्रभु कौन सा रूप धरकर धर्म की रक्षा के लिए अवतरित हो जाएंगे, कौन कह सकता है? कथावाचकों का पक्ष लेते हुए बाहुबली ने स्पष्ट कर दिया है कि 'इनहिं कुदृष्टि बिलोकै जोई, ताहि वधे कछु पाप न होई।' अब कथावाचक निश्चिंत होकर बीस फीट दूर से

प्रेतग्रस्त आदमी को थप्पड़ लगा सकते हैं या छात्रों को बिना पढ़े पास होने के नुस्खे बता सकते हैं।

बाहुबली की धमकी के बाद कथावाचकों पर जब-तब फब्तियां कसने वालों को सांप सूंघ गया है। उन पर गुस्सा दिखाने वाले कलमधारी अब चुपचाप अपनी कलम चबा रहे हैं। उनके शब्द डर के मारे कागज पर उतरने से इनकार कर रहे हैं।

सनातन के रक्षक एक वकील साहब सर्वोच्च न्यायालय के मुख्य न्यायाधीश की टिप्पणी से ऐसे नाराज़ हुए कि उन्होंने उसे सनातन का अपमान माना और मुख्य न्यायाधीश की तरफ जूता उछाल दिया। इस पराक्रम के साथ उन्होंने नारा दिया---'सनातन का अपमान, नहीं सहेगा हिंदुस्तान।' दुष्यंत कुमार ने लिखा था 'एक पत्थर तो तबीयत से उछालो यारो।' वकील साहब को कोर्ट के चेंबर में कोई पत्थर नज़र नहीं आया तो जूता उछाल दिया। बहादुरी के इस काम से वकील साहब ने बता दिया कि वे देश की न्याय व्यवस्था को जूते की नोक पर रखते हैं। वकील साहब ने यह नहीं बताया कि उन्हें पूरे हिंदुस्तान का वकील बनने के लिए किसने वकालतनामा सौंपा था।

बाहुबली की धमकी से जो सन्नाटा खिंचा उससे धर्म की रक्षा के मामले में एक नया आयाम उद्‌घाटित हुआ। हमारे देश में धर्मस्थलों की सुरक्षा पर सरकार का बहुत धन व्यय होता है। नये राम मंदिर की सुरक्षा के इंतज़ाम पर नज़र डालें तो दिमाग चक्कर खा जाता है। तीन प्रकार के बल वहां सुरक्षा में लगाये गये हैं, कैमरों और ड्रोन की तैनाती है, मंदिर को घेरती चार किलोमीटर की दीवार है। कई दूसरे धर्मस्थलों पर भी सुरक्षा बल तैनात हैं। मतलब

यह कि जो संसार की रक्षा करते हैं उनकी रक्षा आदमी कर रहा है। कई धर्मगुरुओं को भी सरकार के खर्चे पर सुरक्षा दी गयी है, जो सवाल पैदा करती है कि अपने को भगवान का कृपापात्र मानने वालों और मृत्यु का दिन पूर्व निर्धारित मानने वालों को आदमी की दी हुई सुरक्षा की ज़रूरत क्यों पड़ती है?

तो दिमाग में यह विचार आता है कि अगर पीपीपी अर्थात पब्लिक प्राइवेट पार्टनरशिप के अंतर्गत सरकार धर्म की रक्षा हेतु बाहुबलियों का सहयोग लेने लगे तो मामला 'कम कीमत बालानशीं' वाला हो जाएगा। बाहुबली की एक चेतावनी आएगी और धर्म के कार्यों में गड़बड़ी करने वाले सभी उपद्रवियों के औसान ढीले हो जाएंगे। फिर धर्मगुरुओं को भी सुरक्षा की ज़रूरत नहीं रहेगी।

देश के कई क्षेत्रों में बाहुबलियों की तूती बोलती है, उनकी अदालतें लगती हैं, लेकिन अफसोस है कि सरकार ने उनकी ताकत और क्षमताओं का समुचित उपयोग नहीं किया। जो काम सरकार द्वारा लाखों रुपया खर्च करने पर भी नहीं होता वह बाहुबली के एक निर्देश पर हो सकता है।

राहत की बात है कि कुछ राज्यों ने अपने बाहुबलियों की संभावनाओं को पहचाना है और उनका सहयोग लेने में रुचि दिखायी है। बिहार में संपन्न विधानसभा चुनाव के लिए एक दल ने तीन बाहुबलियों को मैदान में उतारा, जब कि दूसरे दल ने एक पूर्व बाहुबली के संभावना-संपन्न पुत्र और एक ऐसे बाहुबली की पुत्री को टिकट दिया जो फिलहाल संगीन अपराध में जेल में बन्द हैं और जनता की सेवा करने की स्थिति में नहीं हैं। पुत्री ने साफ घोषणा की कि वे अपने यशस्वी पिता को जेल से बाहर लाने के लिए

ही चुनाव लड़ना चाहती हैं। एक और बाहुबली की पत्नी को भी टिकट से नवाज़ा गया। कुछ दिन पूर्व सुशासन बाबू की सरकार ने जेल मैन्युअल में संशोधन करके एक बाहुबली को उनकी उपयोगिता को देखते हुए जेल से मुक्त कराया था। अब उनके पुत्र को टिकट दिया गया है ताकि पिताजी पुत्र के पीछे बैठकर इत्मीनान से 'बैक सीट ड्राइविंग' कर सकें। इस तरह जब बाहुबली कानून के शिकंजे में आ जाते हैं तो उनकी पत्नी या पुत्र को टिकट दे दिया जाता है ताकि समाज की सेवा में अवरोध न हो। गरज़ यह कि सभी दल बिहार के कल्याण के लिए प्रतिबद्ध हैं।

यह संतोष की बात है कि अपराधी प्रवृत्ति के लोगों की हमेशा धर्म में रुचि रही है। देश के दस्यु अक्सर मंदिरों में घंटे चढ़ाते रहे हैं। जो पिंडारी कहलाते थे वे काली के उपासक होते थे। वाल्मीकि की डाकू से महर्षि बनने की कथा सर्वविदित है।

मेरे ख़याल से बाहुबलियों की उपयोगिता और उनकी क्षमता के मद्देनज़र सरकार को चाहिए कि संकोच त्याग कर समाज के कल्याण में उनकी भागीदारी सुनिश्चित करे। 'साफ छिपते भी नहीं, सामने आते भी नहीं' वाली नीति की अब कोई ज़रूरत नहीं है।

ताज़ा समाचार यह है कि बिहार के चुनाव में करीब दो दर्ज़न बाहुबली मैदान में उतर रहे हैं। अब मेरी चिन्ता यह है कि कहीं ऐसा न हो कि धीरे-धीरे विधानसभा की सारी सीटों पर बाहुबली विराज जाएं और बिहार प्रगति के मार्ग पर ऐसा सरपट दौड़े कि पूरा देश देखता रह जाए।

'बेजोड़' जी की पीड़ा और परसाई

छोटेलाल 'बेजोड़' नगर के वज़नदार लेखक हैं। व्यंग्य लिखते हैं और व्यंग्य में ही बात करते हैं। अब तक पैंतालीस किताबें छपवा चुके हैं और एक सौ अस्सी सम्मान या अभिनंदन करवा चुके हैं। उनकी तमन्ना भारत के हर शहर में सम्मान कराने की थी, जो पूरी हो चुकी है। हर शहर में उनका कोई न कोई चेला बैठा है जो सम्मान का जुगाड़ बैठाता रहता है।

यों तो 'बेजोड़' जी खासे मशहूर हैं, लेकिन लेखन में उन्हें वह मुकाम नहीं मिला जिसके वे आकांक्षी हैं। गंभीर साहित्य की दुनिया में उनकी पूछ-कदर नहीं है। यही बात 'बेजोड़' जी को सालती रहती है। उनकी सबसे ज़्यादा दुखती रग परसाई जी हैं। जब कहीं भी वे अपनी रचनाओं की चर्चा का जुगाड़ बैठाते हैं, घूम-घाम कर परसाई जी की रचनाओं से तुलना होने लगती है। हर बार निष्कर्ष यह निकलता है कि 'बेजोड़' जी अच्छा लिख रहे हैं, लेकिन परसाई जी से कुछ सीख लेते तो अच्छा होता। सुनकर 'बेजोड़' जी खिन्न हो जाते हैं। आयोजन वे जमाते हैं और तारीफ परसाई जी बटोर ले जाते हैं।

अपने वक्तव्यों में 'बेजोड़' जी अक्सर कहते हैं--- 'अब परसाई जी का ज़माना लद गया। अब हम जैसे लेखकों का ज़माना है। आलोचकों से कहो कि परसाई जी को लांघ कर हम तक आयें।कब तक 'परसाई' 'परसाई' जपते रहेंगे?'

परसाई जी के वामपंथी होने पर भी बेजोड़ जी तल्ख टिप्पणी करते हैं। कहते हैं--- 'वामपंथी अच्छा लेखक हो ही नहीं सकता। वह एक विचारधारा में कैद हो जाता है, जड़ हो जाता है, कूपमंडूक हो जाता है। उसे अपनी नाक से आगे का कुछ दिखायी नहीं पड़ता। वह एक आंख से ही दुनिया को देखता है, दूसरी नहीं खोलता। इसीलिए मैं परसाई को महान लेखक नहीं मानता। लेखक को तो समुद्र की तरह विशाल हृदय वाला होना चाहिए। विचारधारा के फेर में नहीं पड़ना चाहिए। वामपंथियों ने ज़बरदस्ती तारीफ कर कर के परसाई को महान बना दिया है।'

कई बार वे कहते हैं--- 'परसाई जी ने लिखा क्या है? कहीं वे लिखते हैं कि जिन राज्यों में दंगे हुए हैं उन्हें गणतंत्र दिवस की झांकी में दंगे ही दिखाना चाहिए। कहीं कहते हैं कि लड़कों को अपने बाप का आदेश नहीं मानना चाहिए। कहीं लिखते हैं कि पुरानी पीढ़ी नयी पीढ़ी के कंधों पर सवार हो गयी है। कहीं सुशीला उस लड़की को कहते हैं जो भाग कर शादी कर लेती है और बाप का पीएफ का पैसा बचा देती है। यह सब नयी पीढ़ी को बरगलाना नहीं तो और क्या है? नयी पीढ़ी को उत्तम संस्कार देने के बजाय ऊलजलूल बातें सिखा रहे हैं और फिर भी महान बने हुए हैं।'

कुछ दिनों से 'बेजोड़' जी एक नयी थियरी लेकर सामने आये हैं। कहते हैं, 'एक रात मुझे सोचते-सोचते अचानक समझ में आया कि परसाई को महान क्यों माना जाता है। दरअसल वे इसलिए बड़े माने जाते हैं क्योंकि विरोधियों के हाथों उनकी पिटाई हो गयी थी। इसमें कोई शक नहीं कि व्यंग्यकार के जीवन में प्रताड़ना का बहुत महत्व होता

है। पिटाई हो जाए तो व्यंग्यकार एकदम ऊपर उठ जाता है। परसाई जी के बड़प्पन का यही राज़ है।

'यह समझ में आने के बाद मैं लगातार कोशिश में हूं कि मेरी भी वाजिब पिटाई हो जाए ताकि मैं परसाई जी से आगे निकल जाऊं। इसी कोशिश में दो बार पटना में छात्रों के धरने में शामिल हो गया, लेकिन मेरे बालों की सफेदी देखकर पुलिस ने छोड़ दिया। उत्तर प्रदेश के किसी आंदोलन में शामिल होने की सोची थी, लेकिन हिम्मत नहीं हुई क्योंकि वहां पिटाई से ज़्यादा 'एनकाउंटर' होते हैं। अब राजस्थान जाने की सोच रहा हूं, वहां बेरोज़गारों के आंदोलन की संभावना है। हरयाणा में एक कज़िन पुलिस में हैं, उनसे भी कह रखा है। वे बुलाएंगे तो वहां चला जाऊंगा। वे पिटाई का इंतज़ाम कर देंगे। परसाई जी का पैर खराब था, चलने फिरने से मजबूर थे, इसलिए उन्हें जबलपुर में ही पिटना पड़ा। मैं तो देश में कहीं भी पिट सकता हूं। पिटने के बाद फोटो के साथ अखबारों में भेज दूंगा। छपते ही मेरा कद एकदम बढ़ जाएगा। फिर परसाई को न कोई याद करेगा, न कोई पढ़ेगा। सब तरफ हम ही हम होंगे।'

अब 'बेजोड़' जी के चेले मनाते हैं कि 'बेजोड़' जी की मनोकामना शीघ्र पूरी हो और वे साहित्य में ऐसी बुलन्दी पर पहुंचें जहां उन्हें चुनौती देने वाला कोई न हो, परसाई भी नहीं।

असली नास्तिक की पहचान

स्वर्ग-नरक के विशाल स्वागत-कक्ष में भारी भीड़ जुटी थी। तिल धरने को जगह नहीं थी। मृत्युलोक से पहुंची आत्माओं के रिकॉर्ड खंगालने में चित्रगुप्त जी के आठ दस असिस्टेंट लगे थे। रिकॉर्ड के आधार पर स्वर्ग और नरक के अलॉटमेंट की लिस्टें निकाली जा रही थीं। आत्माएं दम साधे अपने कर्मों का फैसला सुनने के लिए खड़ी थीं। कई पाप-कर्म वाले भी इस उम्मीद में थे कि शायद एकाध पुण्य-कर्म के बदौलत स्वर्ग की लिस्ट में नाम आ जाए।

लिस्टें लगीं तो हल्ला-गुल्ला बढ़ गया। स्वर्ग की लिस्ट में जगह पाने वाले खुशी से 'चित्रगुप्त जी जिंदाबाद' के नारे लगा रहे थे तो नरक की लिस्ट में ढकेले गये विलाप करके उसे अन्याय और भेदभाव बता रहे थे।

हल्ला-गुल्ला सुनकर यमराज वहां घूमते हुए आ गये। चित्रगुप्त जी से हाल-चाल पूछा। चित्रगुप्त जी ने जवाब दिया, 'सब काम ठीक चल रहा है, प्रभु, लेकिन ये दो-तीन आत्माएं बड़ी देर से बहस कर रही हैं। बार-बार पूछती हैं कि उनका नाम नरक की लिस्ट में कैसे रखा गया।'

यमराज ने पूछा, 'इनके रिकॉर्ड में क्या है?'

चित्रगुप्त जी बोले, 'ये घोर नास्तिक हैं। भगवान के अस्तित्व पर ही प्रश्न उठाते हैं। कभी मंदिर नहीं गये, कभी

भगवान की पूजा नहीं की। कहते हैं भगवान के अस्तित्व का किसी ने कभी प्रमाण ही नहीं दिया। 'मान लो' 'विश्वास करो' कहने से काम नहीं चलता। इनका सवाल है कि बिना प्रमाण-सबूत के कैसे मान लें? अब बताइए इनको नरक में न भेजें तो क्या करें? एकदम ओपिन एंड शट केस है।

'इनका यह भी कहना है कि वे नास्तिक नहीं, तर्कवादी हैं। असली नास्तिक वे हैं जो ऊपर से भगवान को मानने का ढोंग करते हैं, लेकिन भीतर से उन पर बिल्कुल विश्वास नहीं करते। जो भगवान का नाम जपते हैं, लेकिन धर्मस्थलों के दान-पात्रों से सारा चढ़ावा, बिना भगवान से डरे, गायब कर देते हैं। इनकी नज़र में नास्तिक वे नेता भी हैं जो जनता को दिखाने के लिए मंदिर में पूजा करते हैं, मंदिर बनवाते हैं, लेकिन जनता को मूर्ख बनाने में कोई कसर नहीं छोड़ते। जो दिन भर झूठ बोलते हैं, झूठे आश्वासन देते हैं। इनके हिसाब से नास्तिक वे धर्मगुरु हैं जो धर्म को धंधा समझते हैं, जो भगवान पर भरोसा करने का उपदेश देते हैं लेकिन अपने साथ सशस्त्र सुरक्षाकर्मी लेकर चलते हैं। इनका कहना है कि ये सब भगवान की मूर्ति को मिट्टी के पुतले से ज़्यादा कुछ नहीं समझते। इनकी नज़र में असली नास्तिक वे हैं जो भगवान का नाम लेकर हत्या और अपराध करते हैं।'

सयाने यमराज बोले, 'ये लोग गलत नहीं कहते। शंका करने मात्र से कोई नास्तिक नहीं हो जाता। अगर कोई उनकी शंका का समाधान नहीं कर पाता तो उसमें उनका क्या दोष है? असली नास्तिक वही है जो ऊपर से ईश्वर को मानने का दिखावा करता है, लेकिन भीतर से नहीं मानता।

यदि इन शंकालु लोगों ने कोई अन्य पाप नहीं किया, किसी को लूटा सताया नहीं, समाज का अहित नहीं किया, तो इन्हें नरक में भेजना उचित नहीं। इन्हें ऐसी जगह स्थान दिया जाए जहां इन्हें हमारी व्यवस्था को समझने का अवसर मिले और इनकी शंकाओं का समाधान हो। आगे से यह भी ध्यान रखें कि मुंह में राम और बगल में छुरी रखने वाले ढोंगी स्वर्ग में जगह न पा जाएं।'

चित्रगुप्त जी को ऐसी हिदायत देकर यमराज आगे बढ़ गये।

भुल्लन भैया की मूर्ति

हमारे शहर के रत्न भुल्लन भैया जन-जन के हृदय में निवास करते रहे। दो बार भारी बहुमत से एमैले का चुनाव जीते। चुनाव के समय दारू, कंबल, पैसे का मुक्त-हस्त से वितरण करते थे।उसके बाद भी कोई विरोध करे तो हाथ में डंडा या जूता धारण कर नये अवतार में प्रकट होते थे। उनके चेलों-चांटों की संख्या विशाल रही। पार्टी में ऊपर तक उनकी रसाई थी।

एक रात मित्रों के साथ 'गीली' पार्टी में हिस्सा लेकर लौटते भुल्लन भैया की कार एक नाले में प्रवेश कर गयी। ड्राइव करने वाला उनका मित्र भी सुरा के सुरौधे में था। परिणामत: दोनों ही स्वर्ग या नरक की राह पर निकल गये।

शहर में खबर फैलते ही खलबली मच गयी। बड़े-बड़े नेता भुल्लन भैया के संभावनाशील सुपुत्र लल्लन को धीरज बंधाने आने लगे। लल्लन भैया हिलक हिलक कर कहते थे, 'ऐसे बिना बोले बताये चले गये। हम कुछ सेवा नहीं कर पाये।' भुल्लन भैया के क्रिया-कर्म में भारी भीड़ उमड़ी। कई चेले आंसू बहाते और सस्वर विलाप करते देखे गये।

चुनाव-क्षेत्र में स्वर्गीय भुल्लन भैया का असर देखकर पार्टी ने लल्लन भैया को उनके पिताजी के स्थान पर स्थापित करने के प्रयास शुरू कर दिये। जल्दी ही लल्लन भैया में भी उनके स्वर्गवासी या नरकवासी पिता के गुण प्रकट

होने लगे। मुहल्ले में उनकी अघोषित सल्तनत कायम हो गयी।

पिताजी के प्रति अपनी निष्ठा प्रकट करने के लिए लल्लन भैया ने जल्दी ही घोषणा की कि पास के चौराहे पर स्वर्ग या नरक वासी उनके पिताजी की विशाल मूर्ति लगेगी। धन्नासेठों से चन्दा इकट्ठा होने लगा। अपने रसूख और ताकत का इस्तेमाल कर लल्लन भैया ने जल्दी ही इतना धन इकट्ठा कर लिया जो मूर्ति के अलावा उनके चुनाव अभियान और दीगर खर्चों में काम आ सके। राजस्थान के एक कलाकार को मूर्ति का ऑर्डर दे दिया गया।

तीन-चार महीने में मूर्ति बनकर आ गयी। लल्लन भैया ने उसे चौराहे पर ऊंचे आधार पर स्थापित करवा दिया। मूर्ति के नीचे आठ दस पंक्तियों में भुल्लन भैया के गुणों और उपलब्धियों का बखान कर दिया गया। सिर्फ एक तरफ का पत्थर खाली रहा जिस पर मूर्ति के अनावरण का ब्यौरा और तारीख लिखी जानी थी। इसके बाद अनावरण के इंतज़ार में मूर्ति को पूरी तरह कपड़े से ढंक दिया गया।

इसके बाद लल्लन भैया अड़ गये कि उनके यशस्वी पिता की मूर्ति का अनावरण 'राश्टपति' या 'उपराश्टपति' के कर-कमलों से होगा, अन्यथा मूर्ति ऐसे ही ढंकी-मुंदी खड़ी रहेगी। नगर के सांसद महोदय को चेतावनी दे दी गयी कि उपरोक्त विभूतियों को बुलाने का इंतज़ाम करें, अन्यथा स्वर्गीय भुल्लन भैया के चुनाव-क्षेत्र में पार्टी के लिए सूखा पड़ जाए तो लल्लन भैया को दोष न दिया जाए। सांसद महोदय सांसत में पड़ गये। दिल्ली तक फोन बजने लगे। अंततः सांसद महोदय उपराष्ट्रपति जी की मंज़ूरी लेने में सफल हो गये।

उपराष्ट्रपति जी पधारे। अनावरण का कार्यक्रम शानदार संपन्न हुआ। लल्लन भैया फूले फूले घूमते थे। कार्यक्रम में उन्होने एक पढ़े- लिखे दोस्त से लिखवाया हुआ स्वागत-भाषण पढ़ा, लेकिन पढ़ने में उनकी गाड़ी वैसे ही अटकने लगी जैसे किसी मोटर के आगे गड्ढे आने से अटकती है। उन्होंने दांत-दर्द का बहाना करके भाषण का कागज उसे लिखने वाले दोस्त को ही पकड़ा दिया। बाद में उन्होंने दोस्त को उलाहना दिया--- 'जरा ढंग का लिखते जो हम पढ़ सकते। इतने बड़े लोगों के सामने हमारी 'इंसल्ट' करा दी।'

अनावरण संपन्न हो गया। उपराष्ट्रपति जी के कार्यक्रम पर करदाता के कुल दो-तीन करोड़ खर्च हुए, जिसका लल्लन भैया गर्व से बखान करते हैं।

स्नान पर गंभीर चिन्तन

दो दिन पहले छपी एक खबर पढ़ कर दिल बाग़-बाग़ है। जो बात मैं बिना किसी मेडिकल डिग्री के दशकों से सिर्फ अपनी आत्मा की आवाज़ के हवाले से कह रहा था वही अब बड़े-बड़े मेडिकल डिग्री वाले दुहरा रहे हैं। 'बड़ी देर की मेहरबां आते आते।' फिर सोचता हूं 'देर आयद, दुरुस्त आयद' और 'जब जागे तभी सवेरा'।

मसला यह है कि अमेरिका के दो त्वचा- विशेषज्ञों ने राय दी है कि आदमी के लिए नहाना कतई ज़रूरी नहीं है। उनके अनुसार नहाना उन्हीं के लिए ज़रूरी है जो शारीरिक श्रम करके पसीना बहाते हैं या धूल-मिट्टी में सनते हैं। बाकी लोगों के लिए अकारण नहाना पानी की बरबादी है। इन विशेषज्ञों का कहना है कि नहाने से रोग-प्रतिरोधक क्षमता घटती है, त्वचा के रोग पैदा होते हैं और रोम- छिद्र बन्द हो जाते हैं। एक अमेरिकी विश्वविद्यालय के अध्ययन में सामने आया कि अत्यधिक स्नान से शरीर के सुरक्षा-कवच को हानि होती है और पाचन-तंत्र निर्बल होता है। इस अध्ययन के अनुसार ठंड में नहाना बिल्कुल ज़रूरी नहीं है।

एक भारतीय वरिष्ठ चिकित्सक के अनुसार भी स्नान जो है वह शरीर की 'इम्युनिटी' पर प्रतिकूल असर डालता है, रोगों से लड़ने की क्षमता को प्रभावित करता है और त्वचा संबंधी समस्याएं पैदा करता है। इन चिकित्सक महोदय का सुझाव है कि आदमी को हफ्ते में पांच दिन ही नहाना

चाहिए। वैसे मेरा सोच है कि इस सुझाव को उल्टा करके दो दिन नहाने और पांच दिन न नहाने के मुकर्रर किये जाएं तो बेहतर होगा।

मुझे पता है कि इन डाक्टरों की राय पर मैं कितनी भी बगलें बजाऊं, मेरे देश के लोग नहाने के खिलाफ कही गयी इन बातों पर कान देने वाले नहीं हैं। वजह यह है कि हमारे देश में नहाने को धर्म से जोड़ दिया गया है। यहां स्नान के बड़े-बड़े उत्सव होते हैं। बिना नहाये देवता की पूजा करने या मन्दिर जाने की मुमानियत है। दो कदम और आगे बढ़कर मान लिया गया है कि पवित्र नदियों में नहाने से आदमी के जनम-जनम के पाप कट जाते हैं। अब ऐसी स्थिति में अमेरिका के डाक्टरों की फालतू नसीहत कौन मानेगा? मुझे भरोसा है कि अब तक देश के सभी घोषित-अघोषित पापी, उजागर या छिप कर, गंगा-स्नान करके पाप-मुक्त हो चुके होंगे। ये पापी यहां भले ही अपराधी माने जाएं, 'वहां' दूध के धुले बनकर, मूंछों पर ताव देते हुए जाएंगे और पहुंचते ही स्वर्ग में अपना दावा ठोकेंगे।

दुनिया की स्त्रियों को यह भ्रम है कि नहाने से उनका रूप-सौंदर्य महफ़ूज़ रहता है। भ्रम-निवारण के लिए बताना ज़रूरी है कि मैंने एक लेख में पढ़ा था कि मध्यकाल में फ्रांस की स्त्रियां जीवन भर अपनी काया को पानी का स्पर्श नहीं होने देती थीं। पुरुष भी जीवन में एकाध बार ही नहाते थे। इसके बावजूद पूरी दुनिया में फ्रांसीसी महिलाओं के रूप और नफ़ासत का डंका बजता था। साबित होता है कि सौंदर्य की रक्षा के लिए स्नान बिलकुल ज़रूरी नहीं है।

एक अखबार में यह भी पढ़ा था कि इंडियाना में सर्दियों में नहाना कानून के खिलाफ़ है और बोस्टन में डाक्टर की सलाह के बिना नहाना गैरकानूनी है। हमारे देश में भी कुछ ऐसा ही कानून बन जाए तो स्नान-विमुख लोगों का मनोबल गिरने की स्थिति न बने। लेकिन उसी अखबार में यह भी पढ़ा कि इज़राइल में मुर्गियों के लिए शुक्रवार और शनिवार को अंडे देना गैरकानूनी है।

मैं तो फिलहाल तीन फुट आठ इंच के छोटू बाबा को अपना गुरू मान चुका हूं जो पिछले महाकुंभ में पधारे थे और जिन्होंने बत्तीस साल से स्नान नहीं किया था। उनका कहना था कि उन्होंने कोई व्रत लिया था और उसके पूरे होने पर उज्जैन में अपने गुरू के साथ स्नान करेंगे। उन्होंने अपने गुरू का नाम नहीं बताया, न ही बताया कि गुरूजी ने कितने दिन से स्नान नहीं किया। निश्चय ही गुरूजी चेले से दो चार हाथ आगे ही होंगे। छोटू बाबा ने यह भी नहीं बताया कि जब उन्हें महाकुंभ में नहाना नहीं था तो वे वहां किस लिए पधारे थे। जो भी हो, भक्त छोटू बाबा के चरण छूने और उनका आशीर्वाद लेने के लिए उमड़ते रहे। बाबा जी ने सिद्ध किया कि नहाये बिना भी आध्यात्मिक ऊंचाई हासिल की जा सकती है।

अर्ज़ है कि मेरी इस तकरीर या तकरार से यह न समझा जाए कि मैं नहाने के खिलाफ हूं। मुझे पता है कि यह स्नान-भक्तों का देश है और पानी में रहकर मगर से बैर लेना भला कौन चाहेगा?

विदेश का गड़बड़झाला

ऑस्ट्रेलिया से एक भारतीय लड़की ने वीडियो डाला। लड़की ने वहां के सिस्टम के बारे में जो बताया उसे सुनकर बहुत परेशान हूं। बताया कि वहां भुगतान मेहनत के हिसाब से मिलता है, शैक्षणिक योग्यता या अनुभव के आधार पर नहीं। एक घंटे के श्रम के 25 डॉलर मिल जाते हैं और आदमी दिन में कम से कम 50 डॉलर कमा ही लेता है।

लड़की ने यह भी बताया कि वहां सबसे ज़्यादा भुगतान शारीरिक श्रम करने वालों--- जैसे प्लंबर, इलेक्ट्रीशियन, खदान श्रमिकों, निर्माण श्रमिकों--- को मिलता है। इन्हें 'प्रोफेशनल्स' का नाम दिया जाता है, और समाज में सबको बराबर सम्मान मिलता है, कोई ऊंचा नीचा का भेद नहीं।

लड़की की बात सुनकर दिमाग ख़राब हो गया। यह कैसा देश है, भाई, जहां पांचों उंगलियों को बराबर माना जाता है। हमारे देश में ऐसा हो जाए तो हाहाकार मच जाए। फिर जाति- प्रथा का मतलब ही क्या रह जाएगा? ऑस्ट्रेलिया में जिन्हें 'प्रोफेशनल्स' कह कर अच्छा वेतन देते हैं उन्हें यहां दिन में चार-पांच सौ कमाने में देवता याद आ जाते हैं। समाज में इज़्ज़त पाने की बात करें तो देश में इन 'प्रोफेशनल्स' को कोई बैठने के लिए स्टूल नहीं देता, कुर्सी की बात छोड़ दीजिए। ज़्यादातर को शस्य श्यामला भूमि पर ही आसन मिलता है। 'डिगनिटी ऑफ लेबर' यानी श्रम

की प्रतिष्ठा का यह हाल है कि बड़ा आदमी वही माना जाता है जो अपने हाथ से लेकर पानी भी न पिये।

ऑस्ट्रेलिया जैसा किस्सा न्यूज़ीलैंड का भी सुनने को मिला था जहां मेरे एक परिचित प्रोफेसर किसी अध्ययन के लिए गये थे। वहां उनके दफ्तर में सफाई कर्मी आता था जिसे 'जेनिटर' कहते थे। जब प्रोफेसर साहब के भारत लौटने का वक्त आया तो जेनिटर ने उन्हें अपने घर पर भोजन के लिए आमंत्रित किया और शाम को उन्हें अपनी कार से घर ले गया। वहां उनके लिए विशेष तौर से शाकाहारी भोजन तैयार कराया गया था। मैंने सोचा कि यदि भारत में कोई सफाई कर्मचारी हमें भोजन के लिए आमंत्रित करे तो हम उस आमंत्रण से बचने की कोशिश करेंगे। सोचेंगे कि इस बंदे के पास खुद के खाने को है या नहीं, या हमें ऐसे ही न्योत रहा है। लगेगा कि उसका दिमाग़ चल गया है।

हमारे यहां सबसे अधिक पैसा उन्हें मिलता है जो कम से कम श्रम करते हैं। कुर्सी पर बैठकर काम करने वालों का भुगतान लाखों में होता है, लेकिन काम का आकलन कोई नहीं। इसीलिए मोटापे और उच्च रक्तचाप का रोना आम है। शारीरिक श्रम करने वाले का जीवन एक-एक दिन के हिसाब से चलता है। कल का कोई भरोसा नहीं। कभी एक अधिकारी के बारे में सुना था जिन्होंने अपना एक कोट कुर्सी पर स्थायी रूप से टांग दिया था। वे खुद दफ्तर से ग़ायब रहते थे, लेकिन किसी के पूछने पर कोट की तरफ इशारा कर दिया जाता था कि 'यहीं कहीं गये हैं।' ऐसे ही नौकरी करते-करते वे वैतरणी पार कर गये।

कुर्सी की शोभा बढ़ाने वालों को तनख्वाह के अलावा एक और भत्ता मिलता है जिसे रिश्वत-कम-कमीशन भत्ता कहते हैं। जितना बड़ा और ताकतवर पद, उतना ही ज़्यादा रिश्वत-भत्ता। कई अफसर हर सरकार के प्रियपात्र बने रहते हैं तो कई हर सरकार की आंख में चुभते हैं। हरियाणा में आई. ए. एस. खेमका जी हर छः महीने में ट्रांसफर झेलते अंततः रिटायर हो गये। उनके रिटायर होने पर बहुतों ने राहत की सांस ली होगी।

दूसरी तरफ, असंगठित क्षेत्र के श्रमिक को पूरी मज़दूरी मिल जाए, वही बहुत है। उसमें भी ठेकेदार का कमीशन कटता है। बिना सुरक्षा- उपकरण के कहीं बिजली के खंभे पर सुधार के लिए चढ़ा दिया जाता है तो कहीं बिना सुरक्षा-उपकरण के गैस से भरे सीवर में उतार दिया जाता है। 'चढ़ जा बेटा सूली पर, भली करेंगे राम।'

ऐसे में हमें लगता है कि हमें अपने देश से परसाई के इंस्पेक्टर मातादीन की तरह कुछ अधिकारियों को ऑस्ट्रेलिया और न्यूज़ीलैंड जैसे देशों में भेजना चाहिए जो वहां के सिस्टम में ज़रूरी सुधार करवा सकें। अभी तो लड़की की बातें सुनकर मेरे दिमाग़ ने काम करना बन्द कर दिया है।

असली नास्तिक - कुछ और पड़ताल

मैंने कुछ वक्त पहले एक कथा के माध्यम से अर्ज़ किया था कि मेरी नज़र में असली नास्तिक वह नहीं है जो ईश्वर के अस्तित्व पर सवाल उठाता है, बल्कि वह है जो ऊपर से ईश्वर-भक्ति का ढोंग करता है, लेकिन भीतर से ईश्वर की मूर्ति को बेजान पुतले से ज़्यादा कुछ नहीं समझता, जो ईश्वर की मूर्ति के सामने ही दुनिया भर के पापकर्म बेधड़क करता है। जिसे हम सामान्यतया नास्तिक कहते हैं उसे तर्क से समझाया जा सकता है, बशर्ते कि समझाने वाले के पास तर्क हो। सिर्फ 'मान लो, विश्वास कर लो' से काम नहीं चलता। बिना तर्क किये मान लेने से मन को सुकून मिलता है, तनाव से मुक्ति मिलती है, लेकिन सबके लिए यह संभव नहीं होता। वस्तुत: बिना तर्क के चीज़ों को स्वीकार न करने के लिए साहस की ज़रूरत होती है, लीक छोड़ने की हिम्मत की दरकार होती है, इसलिए नास्तिकों की बेकद्री उचित नहीं है। महात्मा ज्योतिबा फुले का कथन है, 'जो विषय तर्क नहीं झेल सकता वह पाखंड है।'

असली नास्तिक कई धर्मस्थलों के पुजारी और प्रबंधक, राजनीतिज्ञ और कई बाबा होते हैं। देश में असंख्य सच्चे, सदाशयी ईश्वर-भक्त भी हैं, लेकिन भक्ति के प्रदर्शन में आगे ढोंगी ही होते हैं। धर्म की सारी मलाई ये ही समेटते हैं। सच्चे धार्मिकों के हाथ में खाली कटोरा ही रहता है।

नेताओं की ईश्वर-भक्ति चुनाव आते ही कुलबुलाने लगती है। चुनाव-क्षेत्र में पहुंचते ही सबसे पहले मंदिर में हाज़िरी बजाते हैं, लेकिन जनता के बीच में पहुंचते ही काटने-बांटने की बातें शुरू हो जाती हैं। झूठे वादों की झड़ी लग जाती है। चुनाव जीतने के लिए सब हथकंडे अपनाये जाते हैं और धर्म का भरपूर इस्तेमाल किया जाता है।

बहुत से बाबा भी पूजा-अर्चना से फुरसत मिलते ही ढेरों विष-वमन करने में लग जाते हैं। अभी उत्तर प्रदेश के एक सतुआ बाबा साढ़े तीन, चार करोड़ की कारें चमकाते घूम रहे हैं। पूछने पर जवाब है कि सब भक्तों का दिया हुआ है, वे खुद कारों की कीमत के बारे में अनजान हैं। बताया कि वे नौवीं पास हैं। एक 'गूगल गोल्डन बाबा' हैं जो माघ मेले में पांच करोड़ के गहने लटकाये घूमते हैं और चांदी के बर्तनों में भोजन करते हैं। हमारे मन में संत की छवि रामकृष्ण परमहंस, स्वामी विवेकानंद, संत रविदास, संत नामदेव की है, इसलिए आज के इन संतों का वैभव देखकर मन को झटका लगता है। तुलसीदास ठीक ही लिख गये--- 'तपसी धनवंत दरिद्र गृही, कलि कौतुक तात न जात कही।'

गोल्डन बाबा कहते हैं कि सोना पहनना उनका शौक है। भक्तों को माया से दूर रहने का उपदेश देने वालों का यह कैसा शौक है? कवि बिहारी लिख गये कि सोने की मादकता धतूरे से सौ गुना अधिक होती है। आदमी धतूरा खाकर बौराता है और सोना पाकर। ईश्वर में रमने के लिए समाज को छोड़ने वाले इन तथाकथित साधुओं के कौतुक देखकर समाज हतप्रभ है।

असली नास्तिक की पड़ताल के दरम्यान तिरुपति बालाजी मंदिर के बारे में पढ़ने को मिला कि वहां प्रसाद के लिए खरीदे जाने वाले घी में 2019 से 2024 तक जानवरों की चर्बी का मिश्रण होता रहा। इस काल में कुल 68 लाख किलो चर्बी मिलायी गयी जिसकी कीमत 250 करोड़ रूपया होती है। इसी तरह 2015 से 2025 के बीच 350 रुपए मूल्य का दुपट्टा मंदिर के द्वारा 1300 रुपये में बेचा गया, जिसमें 54 करोड रुपये की हेराफेरी हुई। समझ में आता है कि इन घटनाओं को संपन्न करने वालों के मन में भगवान का कितना डर है और भगवान में उनकी कितनी आस्था है।

ताज़ा खबर यह पढ़ने को मिली कि सी.बी.आई. की जांच में सामने आया कि घी में मिलावट तो ज़रूर हुई, लेकिन वह पशु-चर्बी की नहीं थी। उसमें वनस्पति तेल और केमिकल जैसी चीज़ों की मिलावट पायी गयी।

ऐसा ही दक्षिण के प्रसिद्ध सबरीमाला मंदिर के बारे में पढ़ने को मिला जहां हाल ही में मंदिर की सोने की पट्टियां रिप्लेटिंग के लिए दी गयीं और वापस आने पर उनका वज़न कम पाया गया। इस सिलसिले में मुख्य पुजारी समेत कई लोगों की गिरफ्तारी हुई है।

महाराष्ट्र के शनि शिंगणापुर मंदिर में 2447 कर्मचारियों की फ़र्ज़ी भर्ती दिखाकर उनकी तनख्वाह का पैसा हड़पने का मामला प्रकाश में आया है। इसी मंदिर में डुप्लीकेट एप्स के द्वारा ऑनलाइन दर्शन का प्रकरण भी सामने आया जिसमें 36 करोड रुपये की हेराफेरी हुई। इसी तरह महाराष्ट्र के ही सिद्धिविनायक मंदिर के ट्रस्टीज़ के द्वारा कोरोना काल में, जब मंदिर बंद था, लगभग

15000 लीटर घी बेच देने का प्रकरण राज्य की विधानसभा में उठाया गया था। मंदिर में क्यूआर कोड पर आधारित दर्शन प्रणाली का ठेका देने में भ्रष्टाचार का मामला भी उठा था। बताया गया कि यह काम 40-50 लाख रुपये का था लेकिन ठेका ट्रस्टीज़ से जुड़ी कंपनी को 3.5 करोड़ में दिया गया।

केदारनाथ मंदिर की चार धाम पंचायत के उपाध्यक्ष ने मंदिर के गर्भगृह में 2022 में लगाये गये 228 किलो सोने की हेराफेरी के आरोप लगाये हैं जिसे शंकराचार्य स्वामी अविमुक्तेश्वरानंद ने भी दोहराया है।

मध्य प्रदेश के मैहर से भी हाल में समाचार पढ़ने को मिला कि शारदा देवी के मंदिर में कार्यरत पुजारी-प्रतिनिधि ने सोने-चांदी के चढा़वे पर हाथ साफ कर दिया। कुछ साल पहले उज्जैन के महाकाल परिसर में स्थापित ऋषियों की मूर्तियां आंधी के एक झोंके में अंगभंग का शिकार होकर भू-लुंठित हो गयी थीं। पता चला मूर्तियों का निर्माण धातु के बजाय फाइबर से किया गया था।

चलते चलते अपने देश की एक उज्ज्वल परंपरा की याद दिला दूं जिसे 'देवदासी प्रथा' कहा जाता था। इस प्रथा में मंदिर में मूर्ति के सामने ही व्यभिचार होता रहा। परंपरावादियों को जानकर खुशी होगी कि यह परंपरा अभी मरी नहीं है। सरकारी आंकड़ों के अनुसार कर्नाटक में अभी भी साढ़े छियालीस हज़ार देवदासियां हैं, इनमें सबसे ज़्यादा आठ हज़ार विजयनगर ज़िले में हैं।

तो पाठकों से निवेदन है कि खुद निर्णय करें कि वास्तविक नास्तिक कौन है--- ईश्वर पर शंका करने वाला, या

ईश्वर-भक्त होने का ढोंग करके भीतर से उसे महज़ ढकोसला समझने वाला?

तुमहिं छांड़ि गति दूसर नाहीं

देश में विपक्षी नेता और मुख्यमंत्री बड़ी सांसत में हैं। समझ में नहीं आ रहा है कि 'मैं इधर जाऊं या उधर जाऊं। बड़ी मुश्किल में हूं कि मैं किधर जाऊं।' वजह यह है कि धर्म का अश्व सरपट दौड़ रहा है और अपने धर्मनिरपेक्ष होने का दम भरने वाले नेता उसके पीछे घिसट रहे हैं।

पूरे राजनीतिक वातावरण में हड़कंप है। सत्ता पक्ष ने भव्य राम मंदिर बनवाकर उसका उद्घाटन किया, फिर प्राण-प्रतिष्ठा हुई, और अंत में मंदिर पर धर्म-ध्वजा फहरायी गई। यानी भक्तों को तीन तीन बार आनंदित होने का और भक्ति रस में डूबने का मौका मिला। विरोधी दल सत्ता पक्ष की यह तुरुप चाल देखकर बेबस बिलबिलाते रहे। दर्शन करने नहीं गये तो राम-विरोधी होने का ठप्पा लगा। जनता के आक्रोश से बचने और 'डैमेज कंट्रोल' के लिए बड़े नेताओं ने छुटभइयों को भेज दिया।

इसके पहले महाकुंभ में अपनी सारी शक्ति झोंक कर सत्ता पक्ष साबित कर चुका था कि उसकी राजनीति के लिए धर्म का कितना महत्व है। उस समय भी कुंभ में न नहाने पर विपक्षियों की लानत-मलामत हुई थी।

सत्तापक्ष को धर्म के बल पर मैदान मारते देखकर विपक्षी अकबकाये हैं। भारत धर्मप्रधान देश है, इसलिए धर्म के दांव की काट ढूंढ़ पाना मुश्किल है। 'उगलत निगलत पीर घनेरी' वाली स्थिति है। धर्मनिरपेक्षता की बात करने

वालों की ज़बान फिलहाल लड़खड़ा रही है। सब यह साबित करने में लगे हैं कि वे नास्तिक नहीं हैं, वे भी दूसरों के बराबर रामभक्त हैं, लेकिन वे रामभक्ति का दिखावा नहीं करते। इसी चक्कर में राहुल गांधी को मंदिर मंदिर जाना और अपना जनेऊ दिखाना पड़ रहा है।

अपनी ज़मीन ख़तरे में देखकर समाजवादी पार्टी के मुखिया अखिलेश यादव ने अपने गृह नगर सैफ़ई में 50 फुट की भगवान कृष्ण की मूर्ति बनवायी है। यानी रघुवंशी राम के मुकाबले यदुवंशी कृष्ण को खड़ा किया है। उम्मीद है कि भगवान कृष्ण की कृपा से कम से कम यादवों का वोट पुख़्ता रहेगा।

उधर अभी तक आत्मविश्वास से भरीं, सत्ता को चुनौती देने वालीं ममता दीदी का आत्मविश्वास अब दरकने लगा है। कुछ दिनों पहले उन्होंने अपनी धार्मिकता दिखाने के लिए मंच पर चंडी की सतुति की थी। अभी पढ़ा कि दीदी ने सिलीगुड़ी के एक कस्बे में महाकाल की दुनिया की सबसे ऊंची प्रतिमा का शिलान्यास किया। लगता है जैसे सभी नेता एक सुर में गा रहे हैं--- 'शरण में आये हैं हम तुम्हारी, दया करो हे दयालु भगवन।' धर्म की राजनीतिक उर्वरता देखकर बंगाल में बाबरी मस्जिद के जिन्न को बोतल से बाहर निकाला गया है, जिसके जवाब में तत्काल गीता पाठ का कार्यक्रम हुआ।

यह भी पढ़ा कि राजस्थान के नाथद्वारा के करीब गोवर्धन पर्वत पर हनुमान जी की 111 फुट ऊंची, उत्तर भारत की सबसे ऊंची मूर्ति बन रही है, जिसे 10 किलोमीटर दूर से देखा जा सकेगा। उधर बिहार के चंपारण में दुनिया के सबसे बड़े 33 फुट ऊंचे शिवलिंग की

स्थापना की गयी है। इस शिवलिंग का निर्माण तमिलनाडु में हुआ, जिसमें 10 साल लगे।

सभी विपक्षी दल अपनी खोयी हुई ज़मीन हासिल करने की जद्दोजहद में लगे हैं और सत्तादल उन पर व्यंग्य करने का कोई मौका नहीं चूक रहा है। गड़बड़ यह हो रही है कि अपने को धार्मिक साबित करने की होड़ में ज़रूरी मुद्दे पीछे छूट रहे हैं। बेरोज़गारी, भ्रष्टाचार, हवा-पानी, शिक्षा-स्वास्थ्य, पेपर लीकेज के मुद्दों पर से नज़र हट रही है। सब धर्म की गंगा में डुबकी लगाने को ही अक्लमंदी मान रहे हैं। स्थिति को देखकर शायर साक़िब लखनवी का शेर याद आता है--- 'बाग़बां ने आग दी जब आशियाने को मिरे, जिन पे तकिया था वही पत्ते हवा देने लगे।'

देश का युवक पूरी तरह भ्रमित और परेशान है। अयोध्या में एक युवक का वक्तव्य सुना कि युवाओं को नौकरी के लिए कहीं जाने की ज़रूरत नहीं है,अयोध्या में ही भक्तों को चंदन लगाकर दो चार सौ रुपये रोज़ पैदा किये जा सकते हैं। प्रयाग के माघ मेले में एक सतुआ बाबा, जो नौवीं पास बताये जाते हैं, साढ़े तीन और चार करोड़ की कारों में घूम रहे हैं। एक और 'गूगल गोल्डन बाबा' पांच करोड़ के सोने के ज़ेवर शरीर पर लटकाये घूम रहे हैं। उनकी शिक्षा भी कार वाले बाबा की पढ़ाई के आसपास बतायी जाती है। उधर अपराधी जेल से लोगों के पास दस करोड़ की वसूली के नोटिस भेज रहे हैं। बलात्कार के दो मामलों में सज़ा काट रहे राम रहीम को 8 साल 4 महीने में 15 बार पैरोल मिली है, जिसका सदुपयोग वे भक्तों को प्रवचन देने में करते हैं। जब भी जेल से निकलते हैं, शान से काफिले में चलते है। अब वे दिन लद गये जब पाप

करने वाला मुंह छिपाता फिरता था। अब पाप करने वाला तन कर, मूंछों पर ताव देता चलता है। देश के बैंकों से हज़ारों करोड़ लेकर भागे चतुर लोग विदेश में ऐश कर रहे हैं और अपनी पार्टियों की फोटो डालकर यहां की जनता को मुंह चिढ़ा रहे हैं।

ऐसे में देश का पढ़ा-लिखा युवा चक्कर में है कि वह किसकी तरफ देखे और किस से कोई उम्मीद करे। प्रसंगवश बता दूं कि एक बाबा छात्रों को बिना पढ़े पास होने का नुस्खा बता चुके हैं। सिद्ध हुआ कि देश के युवा को रोज़गार का कोई अन्य विकल्प भले ही न मिले, बाबा बनने का शानदार विकल्प तो खुला ही है।

ये इश्क़ नहीं आसां

कुछ समय पहले मैंने महाराष्ट्र के एक स्कूल के प्राचार्य के बारे में लिखा था, जिन्होंने छात्राओं को शपथ दिलायी थी कि वे प्रेम-विवाह नहीं करेंगीं। अभी टीवी पर देखा कि मध्य प्रदेश के रतलाम ज़िले के एक गांव में गांववालों ने लड़कियों के भाग कर शादी कर लेने से त्रस्त होकर ऐसे लड़कों-लड़कियों और उनके परिवार वालों के खिलाफ अभियान छेड़ दिया है।

गांव के एक प्रवक्ता ने घोषणा की है कि भाग कर शादी करने वाले लड़के लड़कियों का सामाजिक बहिष्कार होगा। उनके परिवार को कोई मज़दूरी नहीं देगा, दूध और किराने का सामान, पंडित-नाई उन्हें मुहैया नहीं होंगे। इसके अलावा कोई ऐसे परिवारों की ज़मीन को लीज़ पर नहीं लेगा। गनीमत है कि प्रेमियों को सबक सिखाने के लिए गांव वालों ने कोई और बड़ा नुस्खा नहीं निकाला। गांव के एक पिताजी ने बताया कि उन्होंने अपनी दो बेटियों की पढ़ाई छुड़ा कर उन्हें घर में बैठा लिया है ताकि वे प्रेम के प्रदूषण से बची रहें। सुनकर बेगम अख़्तर की ग़ज़ल याद आ गयी--- 'अय मुहब्बत, तेरे अंजाम पे रोना आया।'

चचा 'ग़ालिब' ने नाहक ही लिखा--- 'इश्क पर ज़ोर नहीं, है ये वो आतिश ग़ालिब, जो लगाये न लगे और बुझाये न बने।' अब इंतज़ाम हो रहा है कि यह मनहूस आग लग ही न पाये और अगर लग ही जाए तो तुरन्त 'फ़ायर एक्सटिंग्विशर' का इस्तेमाल किया जाए। कबीर भी

फालतू ही लिख गये कि 'जा घट प्रेम न संचरे, सो घट जान मसान; जैसे खाल लुहार की, सांस लेतु बिन प्रान।' उधर मरहूम मेंहदी हसन व्यर्थ की टेर लगाये हैं--- 'दुनिया किसी के प्यार में जन्नत से कम नहीं।' बुल्ले शाह भी अरण्य रोदन कर रहे हैं--- 'बेशक मंदिर मस्जिद तोड़ो, पर प्यार भरा दिल कभी न तोड़ो।'

हमारे देश के कानून के हिसाब से लड़का लड़की 18 की उम्र पर पहुंचने पर ख़ुद मुख़्तार हो जाते हैं, यानी वे खुद निर्णय लेने और अपने निर्णय की जवाबदारी लेने में सक्षम हो जाते हैं। पश्चिमी देशों में युवा अपनी शादी होने पर अपना अलग घर बसा लेते हैं। वे अपनी ज़िन्दगी के निर्णय स्वयं लेते हैं। लेकिन हमारे यहां नाक का सवाल ज़िन्दगी भर बना रहता है। लड़का-लड़की को वही काम करना पड़ता है जिसमें ख़ानदान की नाक सलामत रहे। नाक की रक्षा में 'ऑनर किलिंग' की घटनाएं होती रहती हैं। परिवार के साथ-साथ समाज की नाक का भी ख़याल रखना पड़ता है। इसीलिए कई प्रेमी शादी के बाद अपनी जान बचाते फिरते हैं।

मुश्किल यह है कि प्रकृति ने सिर्फ नर- मादा पैदा किये, परिवार और विवाह संस्थाएं आदमी ने अपनी ज़रूरत के हिसाब से बनायीं। अब संस्थाएं आदमी के ऊपर हावी हैं। प्रकृति का संदेश स्पष्ट है कि नर-मादा मिलें और अपनी प्रजाति को जीवित रखें। इसीलिए प्रकृति ने स्त्री और पुरुष के बीच में आकर्षण पैदा किया है।

हम लैला-मजनूं, शीरीं-फ़रहाद, सोहनी-महिवाल, रोमियो-जूलियट के प्रेम की गाथाओं पर झूमने वाले लोग हैं। राजस्थान में श्रीगंगानगर के पास लैला मजनूं के

मज़ार हैं जहां हर साल जून में मेला लगता है, जिसमें बड़ी संख्या में लोग पहुंचकर मन्नत मानते हैं। लेकिन जब अपने घर में कोई लैला,शीरीं या सोहनी पैदा हो जाती है तो संकट खड़ा हो जाता है।

प्रेम आदमी को कैसा मजबूर और बेबस करता है इसके संबंध में मुझे दीवान जर्मनी दास द्वारा लिखित 'महाराजा' पुस्तक का एक प्रसंग याद आता है। पंजाब की एक रियासत की राजकुमारी अपने राज्य के एक अधिकारी के प्रेम में पड़ गयी थी। राजकुमारी के महल के पीछे की चारदीवारी से सटा एक कुआं था। राजकुमारी के प्रेमी ने दीवार में एक सूराख बना लिया था जिसके द्वारा वह कुएं में उतरता था और फिर दूसरी ओर से राजकुमारी की परिचारिकाएं उसे ऊपर खींच लेती थीं। यह प्रेम प्रसंग बहुत दिनों तक चला, फिर प्रेमी के एक शत्रु ने भांडा फोड़ दिया और प्रेमियों की पकड़-धकड़ की कार्यवाही होने लगी। राजकुमारी प्रेमी के साथ कुएं में उतरकर महल से बाहर निकल गयी और वे राज्य के अधिकार क्षेत्र से बाहर निकल गये। अंत में इन प्रेमियों की ज़िन्दगी बहुत अभावों और कष्टों में गुज़री।

इन प्रेमियों की कथा पढ़कर सोहनी- महिवाल की कथा याद आती है। फ़र्क यही है कि राजकुमारी की कथा में प्रेमी कुएं में उतरता था जबकि सोहनी अपने प्रेमी से मिलने के लिए घड़े के सहारे चिनाब नदी पार करती थी। मशहूर शायर 'जिगर' ने इश्क़ के बारे में लिखा, 'ये इश्क नहीं आसां, बस इतना समझ लीजे, इक आग का दरिया है और डूब के जाना है।' इन दोनों कथाओं में आग की जगह पानी ने ले ली है।

इसी सिलसिले में इंग्लैंड के सम्राट एडवर्ड अष्टम याद आते हैं जिन्होंने अपनी तलाकशुदा प्रेमिका वालिस सिंपसन से शादी करने के लिए इंग्लैंड की गद्दी छोड़ दी थी।

प्रेमियों से हमदर्दी रखने वाले भी बहुत से लोग होते हैं। मेरे एक मित्र शादी से पहले अपनी पत्नी के बॉयफ्रेंड हुआ करते थे। पत्नी तब एक स्कूल में अध्यापिका थीं और प्रेमी जी रोज़ सड़क के किनारे धूप में खड़े होकर उनका इंतज़ार करते थे। जिस मकान के सामने वे खड़े रहते थे उसके मालिक ने द्रवित होकर एक दिन उनके लिए कुर्सी भेज दी थी।

सच्चे प्रेमियों की सहानुभूति में हाल ही में माननीय सुप्रीम कोर्ट ने पोक्सो एक्ट में एक 'रोमियो जूलियट अनुच्छेद' जोड़ने का सुझाव दिया था जिसके तहत नाबालिग सच्चे प्रेमियों को एक्ट के कठोर प्रावधानों से राहत दी जा सके, लेकिन सरकार ने अनेक आधारों पर सुझाव को स्वीकार नहीं किया।

परसाई जी ने 'सुशीला' उस लड़की को कहा था जो भाग कर शादी कर लेती है और बाप का पी.एफ. का पैसा उनके बुढ़ापे के लिए बचा लेती है। लेकिन ज़ाहिर है बहुत से बापों को परसाई जी की यह परिभाषा रास नहीं आती। अभी तो लगता है कि जल्दी ही ऐसी स्थिति बनेगी जहां बिना वालिदैन के अनापत्ति प्रमाण-पत्र के शादी मुकम्मल नहीं मानी जाएगी। शादी कराने वाले पंडित जी को भी दोनों पक्ष के मां-बाप की सहमति के बिना शादी कराने की मुमानियत होगी।

दो प्रेम-पत्र

प्राणप्यारे,

कल तुम्हें छोड़कर चली तो आयी लेकिन मुझे लगता है जैसे मेरा सब कुछ वहीं छूट गया। रास्ते में मेरी आंखें भर भर आती थीं, कुछ सूझता नहीं था। गुस्सा भी लगता था कि कहां से यह निगोड़ा पुन्नी का ब्याह आ पड़ा। यहां आकर जो मेरी दशा है सो मैं जानूं कि मेरा राम जाने। खाने पीने की इच्छा नहीं होती, किसी काम में मन नहीं लगता। दिल में टीस सी उठती है, सारा बदन जलता रहता है। प्यारे, लगता नहीं है जी मेरा उजड़े दयार में। दिन को आंखें मूंदे लेटी रहती हूं, रात को तारे गिना करती हूं। फिकर लगी रहती है तुम कैसे रहते हो, क्या खाते पीते हो, परेशान तो नहीं हो? बस प्यारे, मेरी यही प्रार्थना है कि तुम सब को छोड़कर आ जाओ।

तुम्हारी ही दुखिया

चुन्नी

जवाब

प्यारी चुन्नी,

अत्र कुशलं तत्रास्तु। तुम्हारी चिट्ठी कल मिली, पढ़ कर खुशी हुई। समाचार मालूम हुए। तुमने जो बातें लिखीं उनको पढ़कर चिन्ता होती है। तुमने जो लिखा है सो वह तुम्हारी भूल है। यहां तुम्हारा कोई भी जरूरी सामान नहीं छूटा। दोनों अटैची मैंने तुम्हारी सीट के नीचे रख दी थीं। कहीं रास्ते में किसी ने चुरा ली हों तो तुरंत लिखो जिससे मैं खोज करा सकूं। रास्ते में तुम्हारी आंख में कोयले की धूल चली गयी होगी, उसी की वजह से आंख में पानी आता रहा होगा। तुमसे कहा था कि खिड़की के पास मत बैठना लेकिन शायद तुम मानी नहीं। पुन्नी के ब्याह का जहां तक सवाल है तो उसमें गुस्सा करने का कोई मतलब नहीं। ब्याह जून में ही बनता था। पंडितों ने कहा था कि आगे साल भर तक कोई मुहूर्त नहीं निकलता। तुमने जो अपनी हालत लिखी सो बात ठीक नहीं। तुम फौरन किसी डाक्टर को दिखाओ। पैसे की फिकर मत करना, जो लग जाए सो लगा देना। यहां तो तुम बिल्कुल ठीक थीं, वहां क्या हो गया? लगता है ब्याह के घर में वनस्पति वगैरह ज्यादा खा गयीं। अम्मां से कहके तुम अपने खाने का इंतजाम अलग करवा लेना। ये उजड़े दयार में तुम कहां घूमती हो? घर के सामने तो कहीं उजाड़ है नहीं। लगता है तुम पीछे बगीचे में घूमती हो। उजड़े बगीचे में कहां मन लगेगा? घर में सबके साथ हंसा बोला करो तो मन लगे। तुम्हारी तारे गिनने की बात पढ़ कर हंसी आती है। पगली, तारे तो इतने सारे हैं, भला तुम उन्हें कहां गिन पाओगी? मेरा खाना पीना सब

नट्टू के होटल में चलता है। पट्ठा बढ़िया कोरमा बनाता है, तबियत खुश हो जाती है। मुझे कोई परेशानी नहीं है। तुमने जो मेरे आने की बात लिखी सो बहुत मुश्किल है। अभी बहुत सी जरूरी फाइलें निपटाने को हैं, भला उन्हें छोड़ कर कैसे आ जाऊं?

खत का जवाब जल्दी देना। अम्मांजी बाबूजी को चरण छूना। टुल्लू ,मुंडू को प्यार।

तुम्हारा पति

छोटेलाल

दलबदलुओं के लिए सहूलियत

संसद और विधानसभा में दल-बदल की बढ़ती घटनाओं के मद्देनज़र सरकार ने दलबदलुओं की सहूलियत के लिए कुछ महत्वपूर्ण निर्णय लिये हैं। अभी अपनी पार्टी से तलाक लेने की इच्छा होने पर दलबदलू को नयी पार्टी के नेताओं के दरबार में जाकर चरण-वरण छूने पड़ते हैं, कुछ शर्मिन्दगी झेलनी पड़ती है। उन्हें इस जिल्लत से बचाने के लिए यह निर्णय लिया गया है कि जिस बोधि-वृक्ष के नीचे बैठकर बुद्ध ने कैवल्य प्राप्त किया था उसकी एक शाखा संसद और राज्यों की विधानसभाओं के बाहर रोपित की जाए। जब भी किसी दलबदलू के पेट में मरोड़ होगी, पुराने दल को छोड़कर किसी मलाईयुक्त पार्टी में संतरण करने की इच्छा बलवती होगी, तब वह बोधि-वृक्ष के नीचे पालथी मार कर बैठ जाएगा और यह खबर तत्काल जंगल की आग की तरह फैल जाएगी कि नेताजी की 'अक्कल दाढ़' निकल आयी है और वे दल बदलने की मंशा से पीड़ित हैं। फिर नेताजी उम्मीद करेंगे कि दूसरी पार्टी वाले उन पर डोरे डालें और उन्हें बाइज़्ज़त, गाजे-बाजे के साथ अपनी पार्टी में शामिल करने के लिए ले जाएं।

पुराने ज़माने में यह काम राजाओं के 'कोप भवन' के द्वारा होता था। जब रानियां किसी बात पर रुष्ट हो जाती थीं तो वे कोप भवन में प्रवेश कर जाती थीं और सबको पता चल जाता था कि रानी रूठ गयी हैं। फिर राजा साहब सारा राज- काज छोड़कर रानी की रुसवाई को दूर करने में

लग जाते थे। कुछ ऐसा ही असर नेताजी के बोधि-वृक्ष के नीचे बैठने से अपेक्षित है।

दलबदलुओं के साथ एक गड़बड़ यह होती है कि दल बदलने के साथ उनके 'सुर' में ज़रूरी तब्दीली नहीं हो पाती। आदत न होने की वजह से कई बार असावधानी में वे पुराने दल और पुराने नेता का गुणगान और नई पार्टी को पूर्ववत गरियाना शुरू कर देते हैं। ऐसा एक दो दलबदलुओं के साथ हो चुका है। ज़्यादा दल बदलने वालों के सामने यह संकट अक्सर खड़ा हो जाता है। हमारे गायक मन्ना डे ने सही सुर साधने की इसी समस्या को एक गीत में व्यक्त किया है--- 'सुर ना सधे, क्या गाऊं मैं? सुर के बिना जीवन सूना।' राजनीति 'सावधानी हटी, दुर्घटना घटी' वाली चीज़ होती है। दलबदलू की सही सुर पकड़ने की असावधानी उसके भविष्य के लिए घातक हो सकती है। इसलिए निर्णय लिया गया है कि संसद और विधानसभाओं के निकट 'सुर' सुधारने वाले क्लिनिक स्थापित किये जाएंगे जहां ऑपरेशन के द्वारा दलबदलुओं के स्वर-यंत्र में ज़रूरी सुधार किये जाएंगे ताकि वे अपने पुराने दल की भर्त्सना और नये दल की तारीफ बिना चूके कर सकें। इन क्लिनिक्स में चिकित्सा के लिए सरकार 'सब्सिडी' प्रदान करेगी।

इसके बाद भी जिन दलबदलुओं का सुर नहीं सुधरेगा, जो अपराध-बोध या आत्मग्लानि से पीड़ित रहेंगे, या जिनकी अंतरात्मा उन्हें फटकारती रहेगी, उनके लिए बाकायदा 'हार्ट ट्रांसप्लांट क्लिनिक' स्थापित किए जाएंगे जहां दिल बदलने का काम किया जाएगा, ताकि दिल और आत्मा की खटखट ही ख़त्म हो जाए। यानी दल-बदल और

दिल-बदल का कार्यक्रम साथ-साथ संपन्न होगा। इसके लिए भी सरकार 'सब्सिडी' का प्रावधान करेगी।

सरकार को भरोसा है कि इन सुविधाओं से प्रभावित होकर ज़्यादा से ज़्यादा सदस्य सरकारी दल में शामिल होकर उसकी ताकत में इज़ाफ़ा करेंगे।

मिलावट-प्रधान देश

हमारा देश धर्म-प्रधान होने के साथ-साथ मिलावट-प्रधान भी है। यह कहना मुश्किल है कि वह धर्म-प्रधान ज़्यादा है या मिलावट-प्रधान, क्योंकि यहां करीब-करीब हर चीज़ में मिलावट होती है। मिलावट का हाल यह है कि अब शुद्ध आदमी मिलना मुश्किल हो गया है। मिलावट करने वाले पूरी निष्ठा और समर्पण-भाव से अपने काम में लगे हैं। उनके काम की निपुणता और सफाई देखकर आश्चर्य होता है। मजाल है आदमी असली नकली में भेद कर पाये। मिलावट के मामले में उनके नये-नये प्रयोग देखकर बड़े-बड़े वैज्ञानिक भी हैरान हैं।

यहां मिलावट का आलम यह है कि शुद्ध चीज़ मिलना सौभाग्य की बात मानी जाती है। बाहरी उपयोग की चीज़ें छोड़ दीजिए, जो चीज़ें शरीर के भीतर जाती हैं उन्हें भी बख्शा नहीं जाता। दाल, चावल, मसाला, घी, खोया, मिठाइयां, दवाएं, फल, सब्ज़ियां, ईनो, आटा, बेसन, दूध, मक्खन, पनीर, सरसों, शराब, जीरा, हल्दी, सब में पूरे सेवा- भाव से मिलावट की जा रही है। नकली दवाओं का मतलब समाज के लिए क्या होता है यह समझा जा सकता है। कहीं पढ़ा कि अंडे भी मिलावटी हो रहे हैं, यद्यपि मेरे लिए समझ पाना मुश्किल है कि नकली अंडे कैसे होते होंगे।

चावल में कंकड़, मसाले में बुरादा, हल्दी में पीली मिट्टी मिलना आम है। नकली दवाओं का बाज़ार अरबों का है।

अभी नकली कफ़ सीरप पीकर इंदौर में कई बच्चे काल-कवलित हुए। निम्न वर्ग के शराबी हर साल मिलावटी शराब पीकर मरते हैं।

फलों और सब्ज़ियों को कार्बाइड की मदद से जल्दी पकाया और तैयार किया जाता है, लेकिन कार्बाइड मनुष्य-शरीर के लिए बहुत हानिकारक है। चने भी नकली होने की ख़बर पढ़ी। मिट्टी से बनने वाले सीमेंट के बारे में भी पढ़ा।

हाल ही में राज्यसभा में एक सदस्य ने वक्तव्य दिया कि जांच में दूध के 71% नमूनों में यूरिया और 64% में न्यूट्रलाइज़र पाये गये, जबकि कुल खाद्य नमूनों में 25% मिलावटी निकले। यह भी बताया गया कि गर्म मसाले में ईंट और लकड़ी का बुरादा, चाय में सिंथेटिक रंग, शहद में शुगर सीरप और मिठाइयों में देसी घी की जगह वनस्पति की मिलावट पायी गयी।

हमारे देश में नकली डिग्री, नकली आधार कार्ड, नकली प्रमाण-पत्र उपलब्ध होना मुश्किल नहीं है, बशर्ते कि आप जोखिम लेने को तैयार हों। कई नेताओं की झूठी डिग्री पर प्रश्न उठते रहे हैं। नकली नोट छापने वालों की सक्रियता के प्रमाण जब-तब मिलते रहते हैं। 'डिजिटल अरेस्ट' नकल के धंधे का एक नया रूप है, जिसमें कई लोगों को करोड़ों रुपयों का चूना लग चुका है।

सबसे ताज़ा ख़बर यह पढ़ी कि जूते भी नकली बन रहे हैं। यह समझना मुश्किल है कि नकली जूतों में क्या नकली होगा। शायद ये पहनने के अलावा दूसरे काम के लिए बन रहे होंगे। शायद नकली जूतों के प्रहार से आदमी की इज़्ज़त कम ख़राब होगी।

बाबा रामदेव के गाय के घी के बारे में पढ़ा कि वह दो प्रयोगशालाओं में जांच में खाने योग्य नहीं पाया गया। उनके मिर्च पाउडर की गुणवत्ता का मामला भी संसद में उठाया गया था। कोरोना काल में बाबा ने दो कैबिनेट मंत्रियों की उपस्थिति में अपनी 'कोरोनिल' दवा को कोरोना के उपचार में प्रभावी बताया था, जबकि जानकारों का कथन था कि कोरोना के लिए कोई मुकम्मल दवा नहीं बनी थी। इस घटना से बाबा के तगड़े रसूख का पता चलता है।

आदमी भी अब खरा नहीं रहा। मुंह पर कुछ बोलता है, मन में कुछ और रचता है।टेक्नोलॉजी के विकास के साथ स्वार्थपरता और संकीर्णता बढ़ रही है, रिश्ते कमज़ोर हो रहे हैं, सुविधाओं का मोह बढ़ रहा है। नतीजतन आदमी अपने आप में सिमटता जा रहा है, टापू होता जा रहा है। इसीलिए शायर निदा फ़ाज़ली ने लिखा--- 'हर आदमी में होते हैं दस बीस आदमी, जिसको भी देखना हो कई बार देखना।'

मैं यह सोच सोच कर परेशान हूं कि कई नेता और धर्मगुरु धार्मिक एकता की बातें करते हैं, दूसरे धर्म वालों को अपने से कमतर समझते हैं, लेकिन धार्गिक एकता में ये मिलावट के लिए समर्पित हुनरमंद लोग कहां 'फिट' होंगे? क्या धार्मिक एकता के लिए ये मिलावटखोर मिलावट करना छोड़ देंगे? क्या इनका हृदय-परिवर्तन हो जाएगा? क्या ये आसानी से मिल रहे बड़े मुनाफे का लालच छोड़ देंगे? फिलहाल तो ये अपने धर्म वालों का ही मुंडन कर रहे हैं।

हम ग़ज़ा में सत्तर हज़ार निर्दोष लोगों की मौत पर सिहरते हैं, दुखी होते हैं, लेकिन हमारे देश में सीधे हत्या के बजाय धीमे ज़हर के द्वारा करोड़ों की 'स्लो डेथ' का इंतज़ाम है। हम बाकी मामलों में भले ही विश्वगुरु न बन पायें, मिलावट के मामले में हमारे विश्वगुरु होने में कोई संदेह नहीं हो सकता। अन्य देश आयें और हमसे उपयोगी शिक्षा ग्रहण करें।

विष्णु भगवान को रिमाइंडर

प्रभु,

कई साल पहले मैंने आपको एक पत्र के द्वारा निवेदन किया था कि चूंकि अब मेरी उम्र आपके प्रत्यक्ष दर्शन के लायक हो गयी है, अतः मेरे सपने में किसी प्रतिनिधि को भेज कर जानकारी मुहैया करायें कि स्वर्ग और नरक में इंतज़ामात कैसे हैं। अभी कथावाचकों से जो जानकारी मिलती है उससे बहुत समाधान नहीं होता। अफसोस है कि मेरे निवेदन का आज तक कोई उत्तर नहीं मिला। लगता है आपके दफ़्तरों में कामकाज ठीक नहीं है।

मुझे यह निवेदन इसलिए करना पड़ा क्योंकि यहां मृत्युलोक में हमारी लाइफ़-स्टाइल में बहुत तरक्की हो गयी है। हम बहुत आराम-पसन्द हो गये हैं। हमारे बाप-दादा ने टेबिल-फ़ैन भी नहीं देखा था, लेकिन हम ए.सी. की हवा ले रहे हैं, भले ही बार-बार ज़ुकाम से पीड़ित हो रहे हों। हमारे बहुत से काम अब 'रोबो' और 'रिमोट' कर रहे हैं। आदमी को हिलने-डुलने की ज़रूरत नहीं है। एक दिन सीधा बिस्तर से ट्रांसफर होकर अर्थी पर चढ़ जाएगा।

प्रभु, यह ध्यान रहे कि अब हम रथ की सवारी के लायक नहीं रहे। हम में से ज़्यादातर 'ऑस्टियोपोरोसिस' और 'आर्थ्राइटिस' के मरीज़ हैं। 'जंक फ़ूड' खाते-खाते हमारी हड्डियां कमज़ोर हो गयी हैं। रथ पर बैठेंगे तो निश्चय ही दो-चार हड्डियां टूटेंगीं। यहां तो साधु-सन्यासी भी करोड़ों

की कार में घूम रहे हैं और करोड़ों का सोना पहन रहे हैं। इसलिए निवेदन है कि हमारी हालत के मद्‌देनज़र आरामदेह ट्रांसपोर्ट का इंतज़ाम हो। डायबिटीज़ और ब्लड-प्रेशर के मरीज़ों के लिए वहां क्या इंतज़ाम है, यह भी शंका बनी हुई है।

एक विशेष बात जिसके लिए मैं यह पत्र लिख रहा हूं यह है कि आपके चित्रों में आप अपनी ससुराल यानी समुद्र में शेषशैया पर लेटे हैं और आपकी पत्नी लक्ष्मी आपके चरण चांप रही हैं। देख कर कुछ अजीब लगता है। एक तो आपका इतने दिन तक ससुराल में रहना ठीक नहीं है। हमारे यहां कहावत है 'ससुरार सुख की सार, रहै दिना दो चार।' यानी ससुराल में सुख मिलता है, बशर्ते कि दो-चार दिन ही रहा जाए। इसलिए समझना मुश्किल है कि आप वहां कैसे हज़ारों साल से डेरा जमाये हैं। ससुर साहब आपके लिहाज में कुछ न बोलते होंगे, लेकिन आपका वहां इतने लंबे समय तक घरजमाई की तरह टिकना उचित नहीं लगता।

लक्ष्मी जी का लगातार आपके चरण चांपना आपके बहुत से भक्तों को अटपटा लग रहा है। यह नारी-अस्मिता और स्त्री-स्वातंत्र्य का ज़माना है। करवा चौथ और तीजा को छोड़ दें तो आज की नारियां पति के चरण छूते हुए फोटो खिंचाने से हिचकती हैं। एक पुरानी फिल्म में पत्नी को पति-भक्ति में गाते हुए सुना था--- 'कौन जाए मथुरा, कौन जाए काशी, इन तीर्थों से मुझे क्या काम है; मेरे घर में ही हैं भगवान मेरे, उनके चरनों में मेरे चारों धाम हैं।' ऐसे गीत अब सुनायी नहीं पड़ते। पतिदेव का मर्तबा भी पहले जैसा नहीं रहा। इस बीच नारी-अस्मिता के बड़े-बड़े

आंदोलन हो गये, जिनके मार्फत स्त्री को समझा दिया गया कि पति नाम का प्राणी 'परमेश्वर' नहीं, महज़ हाड़-मांस का मामूली पुतला है। परिणामतः कई घरों में पति की इज़्ज़त दो कौड़ी की हो गयी है।

एक और बात यह कि आप अपने चार हाथों में से एक में पद्म यानी कमल धारण किये हैं और आपका एक हाथ अभय मुद्रा में उठा है। मुश्किल यह है कि कमल और हाथ हमारे यहां पार्टियों के चुनाव-चिन्ह हैं, इसलिए यहां दो पार्टियों के बीच सिरफुटव्वल हो रही है। दोनों आपके चित्रों की दुहाई देकर कहती हैं कि आपका आशीर्वाद उन्हें प्राप्त हो रहा है। इस संबंध में आपकी तरफ से कुछ स्पष्टीकरण मिल सके तो यह खींचतान बंद हो। गनीमत है कि आपके शंख और चक्र किसी पार्टी के चुनाव चिन्ह नहीं हैं, अन्यथा और बवाल मचता।

अन्त में मेरा आपसे पुनः निवेदन है कि 'वहां' के इंतज़ामात के बारे में मेरे द्वारा चाही गयी जानकारी मुहैया करायें ताकि मेरे जैसे लोग निश्चिंत होकर स्वर्ग या नरक में प्रवेश कर सकें। दूसरे, आप जल्दी लक्ष्मी जी के साथ ससुराल छोड़कर अपने घर लौटें ताकि भक्तों का असमंजस दूर हो सके।

मेरी बातों को अन्यथा न लें। कृपा बनाये रखें।

आपका परम भक्त

होनी को टालने के टोटके

कुछ समय पहले एक अखबार में मजेदार खबर पढ़ी थी कि राजस्थान में हर साल करीब 200 नेता, अफसर, बिल्डर जेल का खाना खाते हैं। कारण यह बताया गया कि ज्योतिषी ने उनकी कुंडली में 'कारागार योग' या 'जेल योग' बताया था और कहा था कि जेल का खाना खाने से 'जेल योग' का संकट टल सकता है। यानी अगर वे जेल का खाना खा लेंगे तो ऊपर वाले के रिकॉर्ड में आगे संभावित सज़ा से बच जाएंगे। हमारे यहां इसे 'अलफ़' टालना कहते हैं। एक ज्योतिषी जी ने संवाददाता को बताया कि जेल का खाना खाने का टोटका 50% तक काम करता है।

एक विधायक प्रत्याशी ने अखबार के संवाददाता को बताया कि उन्होंने केंद्र सरकार के खिलाफ कई प्रदर्शन किये हैं, इसलिए उन्हें भय है कि उन्हें किसी भी मामले में फंसा कर जेल में डाला जा सकता है। उन्होंने कहा कि वे जेल से बाहर रहकर समाज की सेवा करना चाहते हैं, इसलिए 'जेल योग' टालने के लिए जेल का खाना खाते हैं।

कुछ लोग लोकलाज के कारण जेल में ही खाने के बजाय खाने को बंधवाकर घर ले जाते हैं। यह भी पढ़ने को मिला कि कुछ आईएएस अधिकारियों को ज़मानत नहीं मिल रही थी तो उनके ज्योतिषी ने उन्हें घर का खाना मंगाने के बजाय जेल का खाना खाने की सलाह दी थी। पता नहीं इस टोटके का कुछ असर हुआ या नहीं।

मुझे अपने छात्र जीवन की याद आती है जब एक बार हम चार पांच छात्र किसी मरीज़ को देखने अस्पताल गये थे। हम में से एक वहां की एक 'बेड' पर लंबा हो गया। पूछने पर भाई ने बताया कि वह अपनी 'अलफ़' टाल रहा था, यानी यदि उसकी किस्मत में 'अस्पताल योग' हो तो वह अभी खारिज हो जाए। आदमी अब इतना होशियार हो गया है कि उसने होनी को भी टालने के जुगाड़ ढूंढ़ लिये हैं।

गांव में जब हमें किसी 'अशुभ' दिन पर बाहर निकलने की ज़रूरत होती थी तो एक दिन पहले अपने किसी सामान को आगे वाले पड़ोसी के घर में रखा दिया जाता था। माना जाता था कि 'प्रस्थान' एक दिन पहले हो गया और अब यात्रा दूसरे दिन निर्विघ्न की जा सकती है।

जब किसी परिवार में संतान जीवित नहीं रहती थी तो पैदा होने वाले बच्चे को घर की किसी सेविका को दे दिया जाता था, और फिर कुछ पैसे देकर उसे वापस ले लिया जाता था। इस तरह ऊपर वाले को संदेश भेजा जाता था कि संतान अपनी नहीं, खरीदी हुई है, इसलिए उसके जीवन से छेड़छाड़ न की जाए।

मृत्यु के बाद के कर्मकांड में भी अब 'शॉर्टकट' ढूंढ़े जा रहे हैं। आज के आदमी को कर्मकांडों के हिसाब से चलने की फुरसत नहीं है। उसके लिए अपना काम और अपनी कमाई सबसे ज़्यादा ज़रूरी है। इसलिए अब तेरहीं और 'बरसी' एक दिन के अंतर से निपटने लगी है, जब कि 'बरसी' एक बरस बाद होनी चाहिए। यह भी देखा कि मृतक की संतानें अग्निसंस्कार के बाद पंडित जी को बता देती हैं कि तेरहीं के लिए उनका आना संभव नहीं है, इसलिए जो कुछ भी करना है, तत्काल करा दीजिए। बेचारे

पंडित जी भी अपनी जान बचाते हुए सुरक्षित रास्ता खोजते रहते हैं।

आज का आदमी नये और पुराने के बीच में झूलने के लिए अभिशप्त है। पुराने संस्कारों को छोड़ नहीं पाता, इसलिए उन्हें यथासंभव तोड़- मरोड़कर ज़िंदगी की गाड़ी को आगे ठेल रहा है।

कलियुग के त्रिदेव

'दैनिक खबरची' का पत्रकार खोजीलाल बहुत परेशान है। रूस-यूक्रेन युद्ध ख़त्म हुआ नहीं और अमेरिका-इज़रायल-ईरान युद्ध के पटाखे फूटने लगे। गज़ा पर इज़रायली आक्रमण से 70000 से ज्यादा बेकसूर मरे। खाने की लाइन में लगे बच्चों पर गोलियां चलीं। अमेरिका की ईरान पर बमबारी से 160 मासूम स्कूली छात्राएं असमय काल-कवलित हुईं। श्रीलंका के पास ईरानी युद्धपोत डुबाने से 80 से ज्यादा ईरानी सैनिक मरे। इस पर प्रेसिडेंट ट्रंप की टिप्पणी थी कि उनके सैनिकों को जहाज़ पर क़ब्ज़ा करने के बजाय उसे डुबाने में ज़्यादा मज़ा आता है। इन लड़ाइयों में हज़ारों इमारतें ज़मींदोज हुईं, हजारों परिवार बेघर और बर्बाद हुए। लेकिन इस बर्बादी के लिए ज़िम्मेदार राष्ट्राध्यक्षों के माथे पर शिकन नहीं पड़ी। वे हंसते, मज़ाक करते, नृत्य की मुद्राएं बनाते रहे, 'शत्रु' की बर्बादी पर बगलें बजाते रहे। नीरो और हिटलर फिलहाल राहत की सांस ले रहे हैं क्योंकि लोगों ने उन्हें कोसना बंद कर दिया है।

ताज़ा इज़रायली हमलों में लेबनान के 2100 से ज़्यादा नागरिक मारे गये। ध्वस्त हुई इमारतों का कोई हिसाब नहीं। लाखों को पलायन करना पड़ा। रूस-यूक्रेन युद्ध में अब तक 10 लाख से ज़्यादा रूसी सैनिक मारे जा चुके हैं, लेकिन राष्ट्रपति पुतिन अमेरिका-ईरान युद्ध सुलझाने में लगे हैं।

खोजीलाल धार्मिक आदमी है। उसने पढ़ा है कि सृष्टि के सृजन, पालन और विनाश की ज़िम्मेदारी ब्रह्मा, विष्णु और शिव यानी त्रिदेव के हाथों में है। इसीलिए जब वह ज़्यादा विचलित होता है तो आकाश की तरफ मुंह उठाकर कहने लगता है--- 'यह क्या हो रहा है प्रभु? आदमी आदमी की जान का दुश्मन बना हुआ है। छोटे-छोटे बच्चे कीड़े मकोड़ों की तरह मर रहे हैं। फिर उन्हें जन्म देने की क्या ज़रूरत थी? क्या यह सब आपकी सहमति से हो रहा है? पाप और अन्याय करने वालों को आप रोकते क्यों नहीं?'

खोजीलाल को युद्ध में कूदने वाले देशों का यह तर्क परेशान करता है कि वे अपनी सुरक्षा के लिए आक्रमण कर रहे हैं। उसे लगता है कि यदि यह तर्क मान लिया जाए तो हर देश को अपनी सुरक्षा के लिए दूसरों पर आक्रमण करने का लाइसेंस मिल जाएगा। फिर कानून-कायदे किस लिए हैं?

इन्हीं तर्कों-वितर्कों में उलझा खोजीलाल एक दिन घर आकर सो गया। थोड़ी देर में देखा सामने साक्षात शिवजी खड़े हैं। वही बाघंबर, त्रिशूल, शरीर पर भस्म और कंठ में नाग। लेकिन चेहरे पर बड़ी गंभीरता। खोजीलाल दर्शन करके भावविभोर हुआ, हाथ जोड़कर बोला, 'दर्शन पाकर कृतार्थ हुआ प्रभु, लेकिन संसार में यह क्या हो रहा है? सृष्टि के विनाशक तो आप हैं लेकिन आदमी आदमी के प्राण लेने पर क्यों तुला है? क्या यह सब आपकी मर्ज़ी से हो रहा है?'

शिवजी कुछ और गंभीर हो गये, बोले, 'भक्त, तुम्हारा दुख और तुम्हारी चिन्ता सही है, लेकिन जो हो रहा है उसके लिए हम जिम्मेदार नहीं हैं। इसके लिए आदमी ही

जिम्मेदार है। ब्रह्मा जी आदमी की रचना ऐसी करते हैं कि मैन्यूफैक्चरिंग डिफेक्ट न हो तो उसका शरीर आराम से सत्तर अस्सी साल तक चलेगा। तुम लोग जो कृत्रिम अंग बनाते हो वे दस पंद्रह साल भी नहीं चलते। तुमने नाना प्रकार के वाहन सड़कों और आकाश में चला कर आदमी की उम्र को अनिश्चित और छोटा किया है। भ्रष्टाचारी लोग भवनों और पुलों में मिलावट करके दूसरों के प्राण लेते रहते हैं। तानाशाह हजारों वर्षों से अपने शक्ति प्रदर्शन के लिए युद्ध का खेल खेलते रहे हैं क्योंकि उसमें जान सैनिकों और नागरिकों की जाती है। वे खुद सुरक्षित रहते हैं।

'दूसरे, आदमी ने अपनी तरक्की दिखाने के चक्कर में युद्ध को ज्यादा नुकसानदेह बना दिया है। पहले युद्ध मैदान में सवेरे शुरू होते थे और शाम को बंद हो जाते थे। सैनिकों के घर और परिवार तक तब के अस्त्रों की पहुंच नहीं हो पाती थी। अब शत्रु के नगरों, इमारतों और परिवारों पर हमला होता है जिसमें हजारों निर्दोष मारे जाते हैं। बड़े पैमाने पर बर्बादी होती है, लेकिन इसी को तुम लोग तरक्की बताकर फूले फिरते हो। तुम्हारी करतूतों के लिए हम कहां दोषी हैं? दरअसल अब आदमी ही सृष्टि का पालक और विनाशक बना बैठा है। हमें अप्रासंगिक, आउटडेटेड बताया जाता है।'

सुनकर खोजीलाल हाथ जोड़कर बोला, 'आप ठीक कहते हैं प्रभु, लेकिन अब इस संसार का क्या होगा?'

शिवजी ने जवाब दिया, 'मैंने विष्णु जी से बात की है। उन्होंने कभी भस्मासुर का अंत किया था। वे ही कलियुग के भस्मासुरों से निपटने का उपाय बताएंगे।'

साहित्यकारी के दांव-पेंच

सयानेलाल 'साहित्यप्रेमी' जल्दी ही साहित्य के मामले में सयाने, समझदार हो गये। कुछ दिन कविता कहानी लिखी, फिर समझ गये कि इससे कुछ ठोस हासिल होने वाला नहीं। ऊसर में खेती करना है। संपादक, प्रकाशक के चक्कर काटते रहो। कोई लेखक दूसरे को पढ़ता नहीं, पाठक पीठ देकर बैठा है। कितनी भी चिरौरी करो, कान नहीं देता।

लेकिन इस मायूसी के बीच सयानेलाल ने साहित्य में निहित मुनाफे की संभावनाओं को खोज लिया। लिखने से भले कुछ न मिले, साहित्य-सेवा के और भी आयाम हैं जो फलदायी हो सकते हैं। 'जिन खोजा तिन पाइयां।' सिर्फ अक्ल दौड़ाने की ज़रूरत है। उन्होंने सोच विचार करके लेखन के बजाय सम्मान-विमोचन का तुरत फल देने वाला धंधा शुरू कर दिया। अब दस-बीस लेखक उनके चक्कर लगाते रहते हैं, दिन भर फोन आते हैं--- 'बड़े भैया, दो साल से सम्मान नहीं हुआ। कब तक सबर करें? एक बार तो करा दो।'

जल्दी ही सयानेलाल पूरे प्रदेश में सम्मान-विमोचन के विशेषज्ञ के रूप में मशहूर हो गये। अब साल में तीन चार सम्मान कार्यक्रम हो ही जाते हैं। हर कार्यक्रम में कवि-लेखक परिवार और इष्ट-मित्रों सहित पहुंचते हैं। मेले का माहौल बन जाता है। कई सम्मानित भावुक होकर परिवार से लिपटकर रोते हुए दिखायी पड़ते हैं।

सयानेलाल जी की पॉलिसी बिल्कुल साफ है। सम्मान-विमोचन का पूरा खर्चा लेखक को उठाना पड़ेगा। खर्चे की रकम और हिसाब सयाने लाल जी के पास रहेंगे। हिसाब पूछने की मुमानियत है। जो पूछे उससे आंखें तरेरकर कहते हैं, 'हिसाब मांगना है तो अब आगे सम्मान कराने के लिए हमारे पास मत आना। दो ठो दोहे लिखे नहीं कि सम्मान की लाइन में लग गये।' सम्मानित सिकुड़ जाता है, दांत निकाल कर कहता है--- 'रहने दीजिए। गुस्सा मत होइए। हमने तो वैसइ पूछ लिया था।' ज़ाहिर है खर्चे में से सयानेलाल पर्याप्त सेवा-शुल्क बचा लेते हैं।

सयानेलाल पर दबाव सिर्फ विमोचन और सम्मान के लिए ही नहीं होता, उनके कार्यक्रमों में अध्यक्ष या मुख्य अतिथि बनने के लिए भी होता है। कुर्सी-प्रेमी अनेक लोग अध्यक्ष या मुख्य अतिथि बनने के लिए कुछ 'त्याग' करने को भी तैयार हो जाते हैं।

एक दिन सयानेलाल नगर के जाने-माने विद्वान डॉक्टर त्रिपाठी के पास पहुंचे। चरण छूकर बोले, 'आदरणीय,16 तारीख को बीस पच्चीस लेखकों का सम्मान करना है। आप कृपा करके कार्यक्रम की अध्यक्षता स्वीकार कर लें तो कार्यक्रम में चार चांद लग जाएंगे।' त्रिपाठी जी भले आदमी थे। राज़ी हो गये। बोले, 'वाहन की व्यवस्था कर देना। मैं आ जाऊंगा।'

सयानेलाल जी पुन: चरण छूकर खुशी खुशी विदा हुए।

कार्यक्रम से तीन दिन पहले अचानक वे फिर त्रिपाठी जी के घर उपस्थित हुए। बड़ी देर तक बैठे उंगलियां मरोड़ते रहे, जैसे किसी असमंजस में हों। थोड़ी देर में बोले,

'आदरणीय, बड़े धर्मसंकट में हूं। कैसे कहूं? आप विकल जी को जानते होंगे। कविता लिखते हैं। वे पीछे पड़ गये हैं कि इस कार्यक्रम की अध्यक्षता का मौका उनको दूं। दरअसल वे अगले महीने बेटी के पास बंबई जा रहे हैं। कह रहे थे पता नहीं कब लौटना हो, इसलिए मेरे मार्फत आपसे प्रार्थना की है कि इस कार्यक्रम की अध्यक्षता उन्हें कर लेने दें। कहा है कि इस कृपा के लिए आपके बहुत आभारी होंगे। लेकिन मेरे लिए यह बड़े संकट की बात है।'

त्रिपाठी जी ठहरे सज्जन व्यक्ति। तुरंत बोले, 'ठीक है। वे ही अध्यक्षता करें। क्या फर्क पड़ता है?'

सयाने जी चेहरे पर पश्चात्ताप का भाव पहने बाहर निकले, लेकिन स्कूटर पर बैठते ही उनका भाव बदला और वे मुस्कराते हुए आगे बढ़ गये।

दूसरे दिन त्रिपाठी जी के पास नगर के साहित्यकारों में 'नारद' की उपाधि पाये 'बेदर्द' जी का फोन आ गया। पूछने लगे, 'सुना है आप सयाने के कार्यक्रम की अध्यक्षता नहीं कर रहे हैं?' त्रिपाठी जी ने पूरी जानकारी दी तो 'बेदर्द' जी बोले, 'सयानेलाल बहुत काइयां है और आप बहुत भोले हैं। विकल जी बड़े प्रचार-प्रेमी हैं। उन्होंने अध्यक्षता के लिए सयाने को ग्यारह हज़ार रुपये का वादा किया है। वे अपने साथ सौ रुपये की दिहाड़ी पर बीस पच्चीस श्रोता भी लाएंगे। साथ ही वे सभी श्रोताओं की चाय का खर्चा भी उठाएंगे। यह सब मुझे खुद सयानेलाल ने बताया। वह विकल जी को बुलाकर बहुत खुश है। आप आजकल की साहित्यकारी के लटके झटके से वाकिफ़ नहीं हैं।'

त्रिपाठी जी हंसकर बोले, 'ठीक कहते हो, भैया। यह आजकल की साहित्यकारी समझना हम जैसे अनाड़ियों के बस का नहीं है।'

ढोंग

नवीन भाई रिटायर होने के बाद घोर धार्मिक हो गये हैं। पहले दोस्तों के साथ बैठकर कभी-कभी सुरा-सेवन हो जाता था। दफ्तर में भी दिन भर में हजार पांच सौ रुपया ऊपर के कमा लेते थे। अब सब प्रकार के पापों से तौबा कर ली है। अब लौं नसानी, अब ना नसैंहौं। परलोक की फिक्र करना है।

अब रोज नहा-धो कर नवीन भाई करीब एक घंटा पूजा करते हैं। सभी देवताओं की स्तुति गाते हैं। बाद में भी बैठे-बैठे ध्यानस्थ हो जाते हैं। बार-बार आंख मूंद कर हाथ जोड़ते हैं, कानों को हाथ लगाते हैं। शाम को कॉलोनी के छोटे से मन्दिर में बैठ जाते हैं। वहां अन्य भक्तों से सत्संग हो जाता है, शंका-निवारण भी हो जाता है। हर साल तीर्थ यात्रा का प्लान भी बन गया है। परिवार के सदस्य उनके 'सुधरने' से प्रसन्न हैं।

नवीन भाई के घर में खाना बनाने वाली लगी है। पहले कई खाना बनाने वालीं काम छोड़ चुकीं क्योंकि नवीन भाई को खाने में मीन-मेख निकालने की आदत रही। लेकिन रिटायरमेंट के बाद वे शान्त और सहनशील हो गये हैं।

कुछ दिन पहले घर में खाना बनाने के लिए केसरबाई लगी है। बड़ी धर्म-कर्म वाली है। घर में प्रवेश करते ही बच्चों समेत सबसे हाथ जोड़कर 'राधे-राधे' कहती है। सफेद साड़ी पहनती है जिसका छोर गर्दन में लपेटकर पूरी

भक्तिन बनी रहती है। रास्ते में किसी मन्दिर से चन्दन का सफेद टीका लगा लेती है। किचिन में घुसते ही मोबाइल पर भजन चालू कर लेती है और उसके साथ सुर में सुर मिलाकर गुनगुनाती रहती है। टीवी पर कोई धार्मिक चैनल चलता हो तो काम भूल कर बड़ी देर तक वहीं खड़ी रह जाती है।

नवीन भाई की पत्नी उससे प्रसन्न रहती हैं क्योंकि वह किसी बात को लेकर झिकझिक नहीं करती। अपने में मगन रहती है। लेकिन नवीन भाई को उसके गुनगुनाने से चिढ़ होती है। उसका सुर फूटते ही उनके ओंठ टेढ़े हो जाते हैं।

केसरबाई को आने में कई बार देर होती है। कहीं बिलम जाती है। आने पर बताती है कि रास्ते में कहीं कथा या भागवत सुनने बैठ गयी थी। सुनकर नवीन भाई का रक्तचाप बढ़ता है। मन को एकाग्र करना मुश्किल होता है। बीच में एक बार तीन-चार दिन के लिए मिसेज़ चौबे के साथ वैष्णो देवी चली गयी थी। तब भी नवीन भाई का बहुत खून जला था। मिसेज़ चौबे हर साल एक महिला को अपने खर्चे पर अपने साथ तीर्थ यात्रा पर ले जाती हैं। उनके खयाल से ऐसा करने से उन्हें अतिरिक्त पुण्य की प्राप्ति होती है।

नवीन भाई केसरबाई की भक्ति से चिढ़ते हैं क्योंकि उन्होंने पढ़ा है कि हर आदमी का निश्चित धर्म होता है और उसे अपने धर्म के हिसाब से ही काम करना चाहिए। दूसरे के धर्म की नकल नहीं करनी चाहिए। केसरबाई का धर्म दूसरों की सेवा करना है, इसीसे उसका कल्याण होगा। उसके मुंह से धर्म-कर्म की बातें उन्हें ढोंग लगती हैं। वे

गीता का हवाला देते हैं कि अपने-अपने स्वाभाविक कर्म में तत्परता से लगा हुआ मनुष्य परम सिद्धि को प्राप्त हो जाता है।

कई बार नवीन भाई का मन होता है कि वे केसरबाई से कहें कि धर्म-कर्म की बातें छोड़कर अपने काम की तरफ ध्यान दे। फिर यह सोचकर चुप रह जाते हैं कि वह कहीं नाराज़ होकर उनका काम न छोड़ दे। बिना बखेड़ा किये उनका काम करती रहे, यही बहुत है।

दुःख की होली

खन्ना परिवार की होली दुख की होली हो गयी है। भ्रम में न पड़ें, उनके यहां कोई ग़मी नहीं हुई है। बात यह है कि उनके यहां काम करने वाली सभी बाइयां छुट्टी लेकर गांव चली गयी हैं। उनके घर में तीन बाइयां खाना बनाने से लेकर झाड़ू-पोंछा तक का काम करती हैं। उनमें से दो के परिवार में कोई मृत्यु हो गई थी, इसलिए वे दुख की होली मनाने गांव चली गयी हैं। उनके हफ्ते भर से पहले लौटने की उम्मीद नहीं है। बाकी एक है, लेकिन उसने भी तीन दिन की छुट्टी ली है। खन्ना परिवार के लिए मुश्किल वक्त है।

मिसेज़ खन्ना बहुत सफाई-पसन्द हैं। बाई सफाई करती है तो वे सिर पर खड़ी रहती हैं। उंगली चला चला कर धूल की पर्त बताती हैं। बाई को चैन से बैठने नहीं देतीं। इसीलिए बाइयों की छुट्टी उनके लिए मुसीबत का सबब बनती है।

घर का काम मिसेज़ खन्ना के लिए मुसीबत है। उनका वज़न ज़्यादा है, रक्तचाप की दवा लेनी पड़ती है। घुटनों में भी पीड़ा रहती है। चलना मुश्किल होता है। किचिन में ज़्यादा देर खड़ी नहीं रह सकतीं। इसीलिए बाइयों के चले जाने पर घर में दिन भर चिड़चिड़ होती है, पति और बच्चों पर गुस्सा निकलता है।

बाइयों की अनुपस्थिति के पहले दिन मिसेज़ खन्ना ने रो-झींक कर दोपहर का खाना बना दिया। लेकिन उसके

बाद वे, निढाल, पलंग पर लेट गयीं। पति से बोलीं, 'मैं शाम का खाना नहीं बनाऊंगी। आई एम टोटली एक्ज़्हास्टेड। घुटने इतना 'पेन' कर रहे हैं। शाम का खाना होटल से बुलवा लेना। इट इज़ बियोंड मी।'

बच्चों ने सुना तो खुश हो गये।बाहर से खाना आना है तो पिज़्ज़ा-बर्गर, नूडल्स आना चाहिए। बाहर से आना है तो फिर घर जैसा खाना क्यों? पिता के सामने फरमाइश पेश होने लगी।

अब मिस्टर खन्ना बैठे हिसाब लगा रहे हैं। पिज़्ज़ा-बर्गर आएगा तो एक दिन का बिल ही दो ढाई हज़ार पर पहुंचेगा। अभी तो पांच छः दिन काटना है। तब तक कितने का चूना लगेगा?

अब मिसेज़ खन्ना के साथ-साथ मिस्टर खन्ना की होली भी दुख की होली हो गयी है।

गुस्ताख़ हंसी

भरोसेमन्द सूत्रों से जानकारी मिली है कि देश के बड़े कारोबारियों ने सरकार को एक पत्र भेजा है जिसमें अपनी कुछ तकलीफों का ज़िक्र किया गया है। पत्र में सरकार से दरख्वास्त की गयी है कि उनकी तकलीफों का मुनासिब इलाज जल्दी खोजा जाए।

पत्र भेजने वालों ने लिखा है कि वे इस बात से बहुत दुखी हैं कि उन्हें ज़िन्दगी में मुश्किल से हंसने का मौका मिलता है, जबकि मामूली हैसियत वाले खुलकर हंसते हैं, हंस हंस कर दुहरे होते रहते हैं।उन्होंने लिखा है कि वे खुद कमाने-गंवाने, अपनी संपत्ति संभालने,अपनी पांच-छः पीढ़ियों का इन्तज़ाम करने, हिसाब-किताब रखने, झूठे आंकड़े बनाने, मुकदमेबाज़ी, पारिवारिक कलह वगैर: में इतना मसरूफ़ और परेशान रहते हैं कि हंसने की फुर्सत ही नहीं मिलती। कभी-कभी दूसरों को दिखाने के लिए झूठ-मूठ ओंठ फैला लेते हैं, लेकिन भीतर कुछ नहीं होता।

उन्होंने लिखा कि उनमें से कई लोग मजबूरी में लाफ्टर-क्लब जैसे समूह में शामिल हो जाते हैं, लेकिन वह राहत थोड़ी देर की होती है। लिखा कि उनके एक साथी हिम्मतलाल चूनावाला लाफ्टर-क्लब में हंसते-हंसते हार्ट-अटैक का शिकार हो गये और पल भर में अपनी सारी ज़र- ज़मीन छोड़कर जन्नत की तरफ रवाना हो गये। तबसे ज़्यादातर रसूखदार लाफ्टर-क्लब में जाने से कतराने लगे हैं।

पत्र में यह भी लिखा गया कि दरख़्वास्त करने वाले सभी हैसियतदारों के घरों में काम करने वालों के लिए ज़ोर से हंसने की मुमानियत है। वजह यह कि ऊंची हंसी सुनकर घर के लोग डिप्रेशन में आ जाते हैं। वैसे भी ऊंची हैसियत वालों को ज़ोर से हंसना घटिया और स्तरहीन लगता है। इसीलिए बंगलों में काम करने वालों के लिए हंसी का डेसिबेल तय कर दिया गया है। उससे ऊपर जाने पर तनख्वाह में कटौती की सज़ा दी जाती है।

पत्र में लिखा गया कि बड़े कारोबारियों पर धन और संपत्ति के वितरण में ग़ैरबराबरी की तोहमत लगायी जाती है। कहा जाता है कि उन्होंने देश का ज़्यादातर धन बटोर लिया है। इसके लिए उन्हें गालियां सुननी पड़ती हैं, लेकिन यह नहीं देखा जाता कि उनके हिस्से बहुत कम खुशियां आती हैं। ज़्यादातर खुशियां दो कौड़ी के लोग समेट ले जाते हैं। जब संपत्ति के बराबर वितरण की मांग की जाती है तो खुशियों के बराबर वितरण पर भी तवज्जो दी जानी चाहिए।

सरकार के पास इस दरख़्वास्त के पहुंचते ही धड़ाधड़ कार्यवाही शुरू हो गयी और आदेश निकल गया कि सामान्य लोग अपनी हंसी पर काबू रखें और हैसियतदारों के बंगलों के पास से गुज़रते हुए ज़ोर से हंसने की गुस्ताख़ी न करें। मतलब यह कि रसूखदारों के भवनों से गुज़रते हुए वैसा ही आचरण करें जैसा पीसा की झुकती हुई मीनार के आसपास निर्धारित है।आदेश में यह भी कहा गया कि इसके लिए जल्दी ही हंसी का डेसिबेल तय किया जाएगा और उल्लंघन करने वालों के लिए सज़ा मुकर्रर की जाएगी।

तुरत सेवा का सुख

मिसेज़ छाबड़ा ने पति को अखबार दिखाया, बोलीं, 'देखो यह एड छपा है। घर के काम के लिए लेडी हेल्पर आधे घंटे में पहुंचेगी। झाड़ू पोंछा, बर्तन, किचिन की तैयारी। एक घंटे का चार्ज सौ रुपये। पांच मिनट का मार्जिन। एक घंटा पांच मिनट से ज्यादा होगा तो चार्ज दोगुना। वेरी इंटरेस्टिंग।'

फिर सोच कर बोलीं, 'लेट अस गिव इट अ ट्राइ। अपनी केसर बाई तो तीन-चार दिन बाद ही गांव से लौटेगी। बहुत नागा करने लगी है। इसको बुलाकर देखते हैं।'

उनके पति छाबड़ा जी आदर्श पति हैं। पत्नी की बात का कभी विरोध नहीं करते। सोफे पर बैठे अखबार पलटते रहते हैं या टीवी देखते हैं। या फिर बैठे-बैठे झपकी लेते हैं। पत्नी जो देती है चुपचाप खा लेते हैं और जो पहनने को कहती है वही पहनते हैं। पत्नी से पूछे बिना कोई निर्णय नहीं लेते। टहलने जाते हैं तो पत्नी के पीछे-पीछे चलते हैं। कई बार पत्नी झिड़क देती है तो 'आइ एम सॉरी' कह कर चुप हो जाते हैं। बच्चे बाहर हैं, इसलिए घर में पति-पत्नी के सिवा कोई नहीं है।

मिसेज़ छाबड़ा ने निर्णय लेकर फोन कर दिया। करीब आधे घंटे में एक औरत, हांफती हुई, आ गयी। 'गुड मॉर्निंग मैडम', 'गुड मॉर्निंग सर' कहने के बाद एक कोने में ढेर हो

गयी। हांफते हुए बोली, 'मैडम, दौड़ती दौड़ती आयी हूं। प्लीज़ गिव मी फाइव मिनट्स। अभी काम शुरू करती हूं।'

करीब दस मिनट बाद वह उठ खड़ी हुई। मिसेज़ छाबड़ा से बोली, 'मैडम काम दिखा दें और टाइम नोट कर लें।' मिसेज़ छाबड़ा उसे काम समझा कर वापस सोफे पर बैठ गयीं।

दस पन्द्रह मिनट के बाद उनके दिमाग में कीड़ा कुलबुलाने लगा। कहीं काम धीरे-धीरे हुआ तो टाइम बढ़ जाएगा और चार्ज भी बढ़ जाएगा। वे उठकर औरत के पास खड़ी हो गयीं। बोलीं, 'थोड़ा फुर्ती से काम करो। टाइम वेस्ट नहीं करना।'

औरत ने कोई जवाब नहीं दिया। मिसेज़ छाबड़ा फिर सोफे पर आ गयीं, लेकिन उन्हें चैन नहीं था। काम एक घंटे में पूरा होना चाहिए। वे हर दस मिनट में औरत के सिर पर खड़ी हो जाती थीं। 'प्लीज़ थोड़ा फास्ट करो। टाइम बढ़ रहा है।'

तीन-चार बार टोकने पर औरत चिढ़कर बोली, 'मैडम, हम इंसान हैं, मशीन नहीं हैं। जितना बन रहा है उतनी तेजी से कर रही हूं। आप उधर बैठो। काम खतम होने पर हम बताएंगीं।'

मिसेज़ छाबड़ा फिर सोफे पर। पति से बोलीं, 'ये मेरा ब्लड-प्रेशर बढ़ा रही है। एक घंटे में काम फिनिश होना ज़रूरी है।'

छाबड़ा साहब 'हांजी, आप दुरुस्त कहती हैं' कह कर चुप हो गये।

एक घंटा पूरा होते ही मिसेज़ छाबड़ा ने औरत को रोक दिया। अभी किचिन का काम बाकी था। बोलीं, 'बस रहने दो। किचिन का काम मैं कर लूंगी। तुम्हारे काम की स्पीड से मेरा ब्लड-प्रेशर बढ़ रहा है।'

औरत काम रोक कर खड़ी हो गयी, बोली, 'मैडम, काम ज्यादा होगा तो टाइम तो लगेगा। उसमें हम क्या करेगी?'

मिसेज़ छाबड़ा बोलीं, 'कोई बात नहीं। नेक्स्ट टाइम एक घंटे में पूरा करने की कोशिश करना। अगली बार हम आपको ब्रेकफास्ट और टी देंगे।'

औरत 'ओके, थैंक यू' कह कर चलती बनी।

उधार के रिश्ते

'किराने का सामान कहां से लेते हो?'

'सुल्तान किराना स्टोर से।'

'उसकी दूकान से मत लो। वह दूसरे धरम का है। गुरूजी ने इन लोगों की दूकान का सामान लेने से मना किया है।'

'हमें नहीं मालूम। कभी उसका धरम पूछा नहीं। आदमी ठीक है।'

'तो क्या गुरूजी की बात नहीं मानोगे?'

'मान लेंगे। फिर सामान कहां से खरीदें?'

'हमारी दूकान से खरीदो। एकदम खालिस माल मिलेगा। दाम भी सही।'

'ठीक है, लेकिन उसके यहां हमारा उधार चलता है। कभी टोकता नहीं। तुम्हारे यहां चलेगा क्या?'

'ना भइया, अपने यहां उधार वुधार नहीं चलता। तुम उसी दूकान से खरीदो। ये गुरू लोग तो फालतू बरगलाते रहते हैं। इनके फेर में मत पड़ो।'

विश्वग्राम के नागरिक

आज के अखबार में पढ़ने को मिला कि भारत की पवित्र भूमि को त्याग कर लगभग 2 लाख नागरिक हर वर्ष विदेश में बस रहे हैं। पिछले 5 सालों में 9 लाख नागरिकों ने भारत की नागरिकता छोड़ी। पढ़कर आश्चर्य हुआ। जहां हम 'सारे जहां से अच्छा हिंदोस्तां हमारा' और 'जननी जन्मभूमिश्च स्वर्गादपि गरीयसी' गाते थकते नहीं हैं, वहां इस देश की तरफ बेरुखी से मुंह फेर लेने वाले कौन हैं?

देश छोड़ने की वजहें ढूंढ़ें तो अमेरिका, ऑस्ट्रेलिया, कनाडा, जापान जैसे देशों में रहन-सहन का बेहतर स्तर, बेहतर कमाई की बात समझ में आती है। कुछ देशों को लोग टैक्स से बचने के लिए जाते हैं। ऐसे कम टैक्स वाले देशों को 'टैक्स हेविन' कहा जाता है। अभी प्रदूषण के कारण दिल्ली के 80% लोग दिल्ली छोड़ने की सोच रहे हैं। इनमें से कितने विदेश उड़ जाएंगे और कितने भारत में ही कोई अन्य शहर ढूंढ़ेंगे कह पाना मुश्किल है। इसी दिल्ली के लिए कभी बहादुर शाह ज़फ़र के दरबार के मशहूर शायर ज़ौक ने लिखा था --- 'कौन जाए ज़ौक, दिल्ली की गलियां छोड़कर।'

कुछ चतुर लोग देश के बैंकों से भारी भरकम कर्ज़ लेकर विदेश पलायन कर गये और वहां सुखी जीवन जी रहे हैं। सामान्य आदमी यही समझने में लगा है कि उनके कर्ज की रकम के 9 हजार करोड़ या 12 हजार करोड़ होते कितने हैं और इसके लिए 9 या 12 में कितने ज़ीरो लगते हैं। यह

समझना भी मुश्किल है कि इतना रुपया देश से निकलने पर संबंधित बैंकों की स्थिति पर क्या फर्क पड़ा है।

जो भी हो, देश छोड़कर जाने की कूवत उन्हीं में होती है जिन पर लक्ष्मी की पर्याप्त कृपा होती है। पक्षियों की तरह इनके लिए भी कोई बॉर्डर नहीं होता। ये विश्व नागरिक होते हैं। इनके लिए कोई गंदगी, कोई प्रदूषण नहीं होता। ये जहां भी जाते हैं वहां बैठकर खिड़की से बाहर प्रकृति की सुषमा निहार कर 'सुजलां, सुफलां, मलयज शीतलां' का आनंद लेते हैं।

इसके विपरीत देश का सामान्य आदमी मिलावट वाली चीज़ों का उपयोग करने और बाढ़, प्रदूषण झेल कर 'जीना यहां, मरना यहां, इसके सिवा जाना कहां' की स्थिति को झेलता है। ऐसे में यदि आदमी कमाई के लिए अनैतिक तरीकों का उपयोग करे तो उसे कैसे रोका जाए?

यह भी पढ़ा कि दुनिया के धनी लोग धीरे-धीरे सभी संस्थाओं पर हावी होते जाते हैं। सारे नियम कायदे उनकी सुविधा के हिसाब से बदल जाते हैं। उन पर कोई कानून काम नहीं करता। इस संबंध में तुलसीदास जी की चौपाई 'समरथ को नहिं दोस गुसाईं' इन पर खूब फिट बैठती है।

मंत्री जी का हाज़मा

मंत्री जी लाव-लश्कर के साथ डॉक्टर के दवाखाने पहुंचे। लश्कर को बाहर छोड़कर मंत्री जी डॉक्टर के चेंबर में दाखिल हुए। डॉक्टर ने आने का कारण पूछा तो मंत्री जी ने बताया--- 'पेट में बहुत तकलीफ रहती है। कुछ भी पचता नहीं। कभी उल्टी होती है तो कभी डायरिया। बेचैनी बहुत रहती है। अचानक ही घबराहट होने लगती है। हलक सूखता रहता है।'

डॉक्टर ने पूछा, 'खाना क्या खाते हैं? कुछ बदपरहेज़ी होती होगी।'

मंत्री जी ने जवाब दिया, 'बहुत सादा खाना खाता हूं। कोई बदपरहेज़ी नहीं होती।'

डॉक्टर साहब चक्कर में पड़े, बोले, 'पूरी जांच करनी पड़ेगी।'

मंत्री जी कुछ संकोच में बोले, 'वैसे आप अपने तक ही रखें तो बताना चाहता हूं कि मेरी तकलीफ तभी बढ़ती है जब लोग पैसा वैसा दे जाते हैं। लोग ब्रीफकेस लेकर आते हैं और छोड़ कर चले जाते हैं। मना करता हूं तो कहते हैं रख लीजिए, नहीं तो हमारा दिल टूट जाएगा। तभी हमें घबराहट होती है और उल्टी डायरिया का सिलसिला शुरू हो जाता है। रात को नींद भी नहीं आती।'

डॉक्टर साहब हंस कर बोले, 'समझ गया। आपकी दूसरी वाली यानी माल हज़म करने वाली पाचन-शक्ति कमज़ोर है। आपके पिताजी क्या करते थे?'

मंत्री जी ने जवाब दिया, 'स्कूल मास्टर थे।'

डॉक्टर साहब फिर हंसे, बोले, 'यही रोग की जड़ है। आपके खानदान में माल पचाने की परंपरा नहीं रही। इसीलिए आपको दिक्कत हो रही है।'

फिर कुछ सोच कर बोले, 'इस मर्ज़ का इलाज आपको डॉक्टर के पास नहीं मिलेगा। आप किसी अनुभवी, तपे हुए राजनीतिज्ञ के पास जाइए। उन्हीं के पास माल पचाने का नुस्खा मिलेगा।'

मंत्री जी डॉक्टर साहब को धन्यवाद देकर रुख़सत हो गये। एक माह बाद डॉक्टर साहब के पास उनका फोन आया, बोले, 'धन्यवाद, डॉक्टर साहब। आपने सही रास्ता दिखाया। मुझे एक सीनियर राजनीतिज्ञ से पाचन-शक्ति बढ़ाने का मशवरा मिल गया है। अब पेट की गड़बड़, घबराहट वगैरः कुछ नहीं होती। आपको बहुत धन्यवाद।'

परसाई जी, कुछ यादें (संस्मरण)

मुझे करीब 20 साल तक परसाई जी के आवास के बहुत नज़दीक रहने का मौका मिला। कभी भी पैदल चलकर उनके पास पहुंच जाता था। परसाई जी पैर ख़राब होने के कारण बाहर के कमरे में पलंग पर लेटे रहते थे। वही उनका स्थायी स्थान था। कहीं आने जाने का सवाल नहीं। दरवाज़े पर एक पर्दा रहता था। दरवाज़ा कुछ ख़ास समय पर ही बन्द होता था, अन्यथा परसाई जी के पास कभी भी पहुंचा जा सकता था। सिर्फ पर्दा उठाकर 'आ सकता हूं?' कहने की ज़रूरत होती थी। परसाई जी कभी किसी को मिलने के लिए मना नहीं करते थे। जो भी आता उसका स्वागत करते थे और सहज भाव से उससे बात करते थे। उन्होंने वश भर कभी किसी को दुखी या निराश नहीं किया। बहुत से लोग जबलपुर के 'मार्बल रॉक्स' सहित अन्य दर्शनीय स्थलों को देखने के लिए आते थे और 'लगे हाथ' परसाई जी के दर्शन के लिए भी आ जाते थे। कोई परिचय न होने के बावजूद भी परसाई जी उनसे प्रेम से मिलते थे। उन्हें दिक्कत सिर्फ उन्हीं लोगों से होती थी जो उनके विचारों के विरोधी थे।

पैर ख़राब होने से पूर्व परसाई जी रोज़ ही सवेरे मित्रों से मिलने के लिए निकल जाते थे। जब वे निकलते तो उनका व्यक्तित्व देखते ही बनता था। लंबा कद, गौर वर्ण, प्रशस्त माथा और शरीर पर काली शेरवानी। जब वे सड़क पर चलते तो लोगों की गर्दनें मुड़ती थीं। किसी कार्यक्रम में

परसाई जी के प्रवेश पर लोगों की नज़रें सहज ही उनकी तरफ उठती थीं।

कहना ज़रूरी है कि परसाई जी ने जैसा लिखा वैसा ही वे जिये। अपने मूल्यों से समझौता न कर पाने के कारण उन्होंने दो बार शिक्षक की नौकरी छोड़ी और फिर अन्त में पूरी तरह मसिजीवी हो गये। उनके ऊपर बहन के परिवार की ज़िम्मेदारी थी। कल्पना करें ऐसे व्यक्ति की जो चलने फिरने से लाचार हो, जो अपनी कलम के बल पर अपने संपूर्ण परिवार का जीवन-यापन करता हो और फिर भी अपने आत्मसम्मान से समझौता न करता हो। 'गर्दिश के दिन' में उन्होंने लिखा है कि उन्होंने शुरू से ही अपनी छाती को कड़ा कर लिया था और इसे उन्होंने अन्त तक निबाहा। पूरी ज़िन्दगी गर्दिश में रहने के बावजूद उन्होंने अपने को किसी की दया का पात्र नहीं बनने दिया।

यह कहना भी ज़रूरी समझता हूं कि मैंने महसूस किया कि परसाई जी के संपर्क में आने से व्यक्ति का जीवन प्रभावित और परिवर्तित होता था। उनके जीवन को देखने और उनके साथ उठने- बैठने से व्यक्ति अनेक क्षुद्रताओं से मुक्त हो जाता था। उसके लिए उन मार्गों को अपनाना भी कठिन हो जाता था जो आज ऊपर पहुंचने की आसान सीढ़ी माने जाते हैं। मेरे जीवन पर परसाई जी की जो छाप पड़ी वह शायद अन्त तक कायम रहेगी।लेखन के प्रारंभ में मेरी एक कहानी तब की प्रसिद्ध पत्रिका 'धर्मयुग' में प्रकाशित हुई थी जिसे लोगों ने बहुत पसन्द किया था। बड़ी भावुकतापूर्ण कहानी थी जिसमें एक सामन्त की उदारता का चित्रण था, जो अपने बुरे दिनों में भी एक परिचित को उसकी बेटी के विवाह के लिए दिये गये

गलीचे को वापस लेने से इनकार कर देता है क्योंकि वह बेटी की शादी के लिए दिया गया था। परसाई जी ने इस कहानी को पढ़ा था और जब मैं उनसे मिलने गया तो उन्होंने बहुत संक्षेप में अपनी राय मुझे बतायी। वे कहानी में सामन्त के महिमामंडन से खुश नहीं थे। उनका मत था कि सामन्तों के पास जो भी वैभव होता है वह सब जनता का होता है। बात मेरी समझ में आयी और इसका नतीजा यह हुआ कि मेरे आज तक सात कहानी संग्रह निकलने के बाद भी वह कहानी किसी संग्रह में देने की हिम्मत नहीं जुटा पाया।

एक बार महाराष्ट्र के एक व्यंग्यकार परसाई जी से मिलने आये थे। वे परसाई जी की स्थिति को देखकर भावुक हो गये थे और उन्होंने लौटकर एक प्रसिद्ध पत्रिका में एक पत्र छपवाया था जिसमें लिखा था कि परसाई जी का स्वास्थ्य ठीक नहीं है और उन्हें सरकारी मदद मिलना चाहिए। परसाई जी ने उसे पढ़कर तुरन्त पत्रिका को अपना प्रतिवाद भेजा कि वे अपनी देखभाल करने में समर्थ थे और उन्हें किसी मदद की ज़रूरत नहीं थी। शारीरिक असमर्थता के बावजूद दयनीय बनना परसाई जी के स्वभाव के विपरीत था।

एक समय परसाई जी अवसाद में घिर गये थे और उन्होंने लोगों से बातचीत करना बन्द कर दिया था। उसी बीच मैं उनसे मिला और अपने पहले व्यंग्य-संग्रह का फ्लैप-मैटर लिखने का उनसे अनुरोध किया। उन्होंने कोई जवाब नहीं दिया और मैं स्थिति को समझ कर लौट आया। उसके बाद उनके दुख-सुख के साथी, 'देशबंधु' पत्र के प्रधान संपादक स्व. मायाराम सुरजन उन्हें अपने साथ रायपुर ले गये और

स्वस्थ होने तक उन्हें वहीं रखा। उनके लौटने पर जब मैं उनसे मिला तो उन्होंने स्वयं ही मुझसे कहा कि वे मेरी पुस्तक का फ्लैप-मैटर लिखेंगे और उन्होंने उसे लिखा भी। वे ऐसे ही संवेदनशील थे।

परसाई जी दूसरों की निन्दा में रुचि नहीं लेते थे। मुझे याद है मैंने एक बार एक ऐसे व्यक्ति के बारे में, जो उनके भी निकट थे,उनसे कहा था कि वे प्रतिभा-संपन्न होते हुए भी अपनी प्रतिभा का सही उपयोग नहीं कर रहे थे और एक तरह से अपना जीवन नष्ट कर रहे थे। परसाई जी ने छूटते ही मुझसे पूछा कि मैं कैसे कह सकता था कि वे अपना जीवन नष्ट कर रहे थे। मैं उनकी बात समझ कर चुप हो गया। जीवन की सार्थकता की कोई एक परिभाषा और एक पैमाना नहीं हो सकता। अपने द्वारा गढ़े हुए पैमाने को ही उचित मानना नासमझी है।

परसाई जी वामपंथी थे। वे लंबे समय तक प्रगतिशील लेखक संघ के प्रांतीय अध्यक्ष रहे थे। समाजवाद की स्थापना उनका स्वप्न और उनकी प्रेरक-शक्ति थी, लेकिन अन्त में वे निराश होने लगे थे। एक दिन मेरे सामने ही उन्होंने एक मित्र से कहा था कि उन्हें लगता था कि उनके जीवन-काल में समाजवाद नहीं आएगा।

पैर की ख़राबी को परसाई जी ने झेल लिया था, लेकिन जीवन के अन्तिम दिनों में मोतियाबिंद के असफल ऑपरेशन ने उन्हें तोड़ दिया था। उनकी एक आंख ख़राब हो गयी थी। मिलने वालों के सामने वे उस आंख को ढकने की कोशिश करते थे। एक मसिजीवी के लिए यह बड़ा आघात था। इसी मायूसी की स्थिति में वे एक रात नींद में

ही दुनिया से विदा हो गये। ज़ाहिर है कि अपनी छाती कड़ी रखने की उन्हें बड़ी कीमत चुकानी पड़ी।

परसाई जी के संबंध में यह कहना ज़रूरी है कि उनके लिए लेखन मात्र लेखन नहीं रहा। वह उनके लिए एक मिशन और एक आंदोलन रहा। 'गर्दिश के दिन' में उन्होंने लिखा कि उन्होंने लेखन को दुनिया से लड़ने के लिए एक हथियार के रूप में अपनाया होगा। अपनी रचना 'साहित्य और सरकार' में वे लिखते हैं--- 'जो कैरियर की धुन में है उसे तो एकदम साहित्य रचना बन्द कर देना चाहिए। साहित्य रचना तपस्या तो है ही। इसमें मिटना तो पड़ता ही है।' अपने लेख 'साहित्यकार का साहस' में वे लिखते हैं--- 'साहित्य हमारे यहां व्यापार कभी नहीं रहा, वह धर्म रहा है। अभी भी वह धर्म है, एक मिशन है। इसमें मिटना पड़ता है। जो इसमें बनना चाहते हैं वे बेहतर है आढ़त की दुकान खोलें। इसमें तो कबीर की तरह घर फूंक कर बाहर निकलना पड़ता है। यह 'खाला का घर' नहीं है।'

दुनिया के कई बड़े लेखक कालान्तर में सोशल एक्टिविस्ट हुए। लेखक को कभी यह लगने लगता है कि लेखन से उसके कर्तव्य की पूर्ति नहीं होती। समाज में प्रत्यक्ष भागीदारी ज़रूरी है। पैर ख़राब होने से पूर्व परसाई जी अनेक अवसरों पर सामाजिक आंदोलनों में भाग लेने लगे थे। समझा जा सकता है कि यदि वे स्वस्थ रहते तो उनकी इस भूमिका में और वृद्धि होती।

कुछ आलोचक परसाई जी के लेखन में 'सिनिसिज़्म' या एक नकारात्मक दृष्टिकोण पाते हैं, किंतु यह नज़रिया सही नहीं है। परसाई जी द्वारा व्यंग्यकार जयप्रकाश पांडेय को दिये गये साक्षात्कार में इस आक्षेप का उत्तर

मिलता है। वे कहते हैं---'यद्यपि मैं व्यंग्य विनोद लिखता हूं पर वास्तव में मैं बहुत दुखी आदमी हूं, दुखी होकर लिखता हूं। मैं इसीलिए दुखी हूं कि देखो मेरे समाज का क्या हाल हो रहा है, मेरे लोगों का क्या हाल है, मनुष्य का क्या हाल होता जा रहा है। ये सब दुख मेरे भीतर है, करुणा मेरे भीतर है। इस कारण से करुणा की अंतर्धारा मेरे व्यंग्य के भीतर रहती ही है। इस प्रकार ये बात है कि जैसे मैं विकट से विकट ट्रेजेडी को व्यंग्य और विनोद के द्वारा उड़ा देता हूं उसी प्रकार उस करुणा के कारणों को भी मैं व्यंग्य की चोट से मारता हूं या उन पर विनोद करता हूं।'

इसी संदर्भ में अपने लेख 'तब की बात और थी' में परसाई जी अपने लेखन के बारे में लिखते हैं--- 'यह भी कहा गया है कि मेरा व्यंग्य बड़ा कटु होता है। होता तो है। पर चट्टान सी बुराई पर अगर कोई सुनार की छोटी हथौड़ी से प्रहार करे तो यह उसकी नासमझी ही कही जाएगी। चट्टान पर तो लुहार के घन का भरपूर हाथ ही पड़ना चाहिए। सामाजिक बुराइयों के प्रति मैं बहुत कटु हूं। शेर को 'टॉय गन' से जिस दिन मारना संभव हो जाएगा उस दिन फिर सोचूंगा कि क्या करूं।'

निष्कर्ष के रूप में कहा जा सकता है कि परसाई जी का साहित्य सोद्देश्य, समाज के हित में, समाज में परिवर्तन की आकांक्षा से रचा गया। उनके मित्र स्व.मायाराम सुरजन ने उनके विषय में लिखा, 'परसाई जैसे व्यक्ति के बारे में, जिसकी निजी ज़िन्दगी केवल दूसरों की समस्याओं की कहानी हो, अपनी कहने को कुछ नहीं।'

www.ingramcontent.com/pod-product-compliance
Lightning Source LLC
LaVergne TN
LVHW100319210926
848480LV00003B/1179